"十四五"职业教育国家规划教材

icve 智慧职教 高等职业教育在线开放课程
新形态一体化教材

新目录
新专标

高等职业教育商科类专业群
市场营销/经济贸易类专业新目录·新专标配套教材

国际市场营销实务

（第三版）

主编 李海琼 张建辉

中国教育出版传媒集团
高等教育出版社·北京

内容简介

本书是“十四五”职业教育国家规划教材，也是高等职业教育商科类专业群市场营销/经济贸易类专业新目录·新专标配套教材，还是实施任务驱动的项目教学改革成果新形态一体化教材。

全书以涉外企业国际市场营销业务操作流程为主线，精心提炼、整合教学内容，使之成为连贯的、真实的、合乎教学逻辑的五大业务模块、十个工作项目和若干工作任务，构建了“国际市场营销概述—国际市场分析—国际市场营销战略规划—国际市场营销策略制定—国际市场营销管理”的国际市场营销课程内容体系。

本书既可作为高职院校国际贸易实务、国际经济与贸易、国际商务、市场营销、跨境电子商务及其他财经商贸类专业的教材，也可作为涉外行业/企业、外经贸从业人员及国际商务师、营销师等职业资格考试的培训用书、工具书和参考书。

本书配套开发有教学课件、参考答案等教学资源，具体获取方式请见书后“郑重声明”页的资源服务提示。

图书在版编目（CIP）数据

国际市场营销实务 / 李海琼，张建辉主编. -- 3版. -- 北京： 高等教育出版社， 2021.1（2025.1重印）
高等职业教育商科类专业群
ISBN 978-7-04-055556-1

Ⅰ.①国… Ⅱ.①李… ②张… Ⅲ.①国际营销-高等职业教育-教材 Ⅳ.①F740.2

中国版本图书馆CIP数据核字（2021）第024895号

国际市场营销实务（第三版）
GUOJI SHICHANG YINGXIAO SHIWU

策划编辑 贾若曦　　责任编辑 贾若曦　　封面设计 王　洋　　版式设计 童　丹
插图绘制 于　博　　责任校对 刁丽丽　　责任印制 赵义民

出版发行 高等教育出版社
社　　址 北京市西城区德外大街4号
邮政编码 100120
印　　刷 北京盛通印刷股份有限公司
开　　本 787mm × 1092mm 1/16
印　　张 14.25
字　　数 290千字
插　　页 1
购书热线 010-58581118
咨询电话 400-810-0598
网　　址 http://www.hep.edu.cn
　　　　 http://www.hep.com.cn
网上订购 http://www.hepmall.com.cn
　　　　 http://www.hepmall.com
　　　　 http://www.hepmall.cn
版　　次 2012年5月第1版
　　　　 2021年3月第3版
印　　次 2025年1月第5次印刷
定　　价 42.80元

物 料 号　55556-A0

第三版前言

本书是“十四五”职业教育国家规划教材。

本书自2010年第一版出版以来，一直受到高职院校相关专业师生和社会相关行业企业的广泛认可与欢迎。近几年来，国际市场营销环境发生了深刻变化：一方面随着经济的发展、技术的进步和移动互联网的快速普及，跨境电子商务正在迅速发展，国际市场营销理念与技术正在迭代革新；另一方面跨境电子商务、国际网络营销的发展进一步加速，企业对国际市场营销相关人才需求加大。

党的二十大报告指出：“我们实行更加积极主动的开放战略，构建面向全球的高标准自由贸易区网络，加快推进自由贸易试验区、海南自由贸易港建设，共建“一带一路”成为深受欢迎的国际公共产品和国际合作平台。”“必须完整、准确、全面贯彻新发展理念，坚持社会主义市场经济改革方向，坚持高水平对外开放，加快构建以国内大循环为主体、国内国际双循环相互促进的新发展格局。”为加快推进党的二十大精神进教材，进课堂，进头脑，本书同步进行了修订，修订后的第三版教材坚持以下三个导向。

1．落实立德树人根本任务

本次修订全面融入新发展格局建设相关内容，引导学生在学习国际市场营销的过程中树立共建共享人类命运共同体的崇高理念。精心选用国际市场营销活动中的中国方案、中国品牌、中国企业的相关案例，践行社会主义核心价值观，引导学生增强文化自信。

2．融合新时期高职教育新理念

本次修订坚持以新时期高职教育人才培养的新要求、新特征、新趋势为指南，以服务区域经济社会发展为宗旨，关注国际市场营销职业岗位变化，将行业发展的新知识、新技术、新方法和优秀企业文化融入教材。同时注重引入营销职业道德与素养的相关内容，以服务于高素质、高技能的创新型国际市场营销人才的培养。

3．打造新形态一体化教材

本次修订运用现代信息技术，创新教材呈现形式。本书第三版全面更新了案例和数据，并增加了50多个二维码资源，涉及相关链接、学习专栏、案例展示和营销伦理等不同类型，及时对接行业内最新业态信息，在精简优化教材篇幅的同时扩充知识容量，方便学生自主学习。

本书的体系架构科学合理，在完整分析国际市场营销相关岗位职业能力的基础上，确定了国际市场营销课程教学目标；以涉外企业国际市场营销业务操作流程为主线，精心提炼与整合教学内容，形成五大业务模块、十个工作项目和若干工作任务，构建了“国际市场营销概述—国际市场分析—国际市场营销战略规划—国际市场营销策略制定—国际市场营销管理”的课程内容体系。每个工作项目中都设置了丰富的互动内容，包括课堂活动、应知训练和应会操作，以帮助学习者完成知识、技能与素养的学习、掌握和提高。

本书由温州科技职业学院李海琼、张建辉主持修订，刘章文、陈园园等人也承担了教材编写的部分工作。章安平教授担任本书的主审。本书的编写、修订借鉴了学术界许多同行的教科研成果和国内外先进的国际市场营销实践经验，得到了来自浙江亨达光学有限公司、浙江橙树网络技术有限公司、杭州商科教育科技有限公司和全国外经贸职业教育教学指导委员会的行业企业专家及高等教育出版社的帮助与支持，在此一并表示衷心的感谢。

由于编者水平有限，加之时间仓促，书中难免有疏漏和不妥之处，敬请读者批评指正。

编　者

2023年7月

第一版前言

根据教育部《关于全面提高高等职业教育教学质量的若干意见》(教高〔2006〕16号)文件的“大力推行工学结合，突出实践能力培养，改革人才培养模式”的精神，在广泛调研国际商务行业企业专家、职教专家的基础上，我们编写了本书。

本书的编写以工学结合为切入点，打破以知识传授为主要特征的传统学科课程模式，转变为以“模块”和“学习情境”为中心组织课程内容，即以涉外企业国际市场营销业务操作流程为主线，精心提炼、整合教学内容为连贯的、真实的、合乎逻辑的五大模块、十个学习情境，构建了“国际市场营销印象—国际市场分析—国际市场营销战略规划—国际市场营销策略制定—国际市场营销管理”的国际市场营销课程内容体系。

本书突出了国际市场营销职业能力培养，每个模块下有多个学习情境来支撑，实现了“模块式项目引领、情境化任务驱动”的全新教材体系。

本书充分吸收了工学结合的课程教学改革成果，突出应用性和前瞻性，将本专业领域的发展趋势及实际业务操作中的新知识、新技术和新方法及时纳入其中；基本知识简明扼要，项目实训操作性强；体现实践教学过程的实践性、开放性和职业性，重视学生校内学习与实际工作的一致性；突出学生国际市场营销职业能力的培养及职业素质的养成，增强学生的国际市场营销岗位适应能力，有利于其今后的就业与创业。

本书的每个学习情境主要包括：学习目标(包括知识目标、能力目标)、开篇案例、情境小结、情境自测、情境实训(包括分析能力训练、综合能力训练)等项目，并有大量的案例、补充阅读材料、相关知识链接、专栏等特色栏目。

本书由国际商务师李海琼主编，统稿总纂。全书编写分工：李海琼负责编写学习情境1、学习情境3、学习情境6；李炎炎负责编写学习情境2、学习情境7、学习情境9；孙京娟负责编写学习情境4、学习情境5；陈国雄负责编写学习情境8、学习情境10。浙江大虎打火机有限公司总经理周冠宇和康奈集团有限公司国际部经理吴素娟参与了部分学习情境的编写工作，并参与了本书的编写思路设计与部分审稿工作。

在本书编写过程中，得到了有关企业、学校领导、专家及其他教师的大力支持，特别是得到了高等教育出版社高等职业教育研究与出版中心相关编辑的大力支持与帮助。另外，本书的编写参阅了大量的国内外相关教科书、科研成果和营销实践经验等资料，在此一并表示感谢。

由于编写时间仓促，编者水平有限，书中难免有疏漏之处，敬请同行专家和广大读者指教匡正。

编　者

2009年11月

目 录

模块五　国际市场营销管理 / 193

模块一

国际市场营销概述

项目一

国际市场营销认知

学习目标

※ 知识目标

· 掌握国际市场营销涉及的核心概念
· 掌握企业开展国际市场营销的动因
· 了解国际市场营销观念演变的原因
· 掌握现代国际市场营销观念

※ 能力目标

能运用现代国际市场营销观念分析国际市场营销活动，解决国际市场营销实际问题，指导国际市场营销实践

※ 素养目标

通过本项目的学习，培养学习者良好的自主学习与合作学习能力，使学习者的信息处理能力、创新能力、书面表达与口头表达能力、团队协作能力、仪容仪态等方面得以提升

【开篇案例】

进取中国　博惠世界

2022年11月，以“新时代，共享未来”为主题的第五届中国国际进口博览会在上海成功举办。第五届进博会成绩亮眼，累计意向成交额近3 500亿美元。中国分享市场机遇、推动世界经济复苏的真诚愿望获得热切回应，各国融入中国构建“国内国际双循环”新发展格局的大舞台，书写精彩的全球故事。

2020年以来，中国经济率先企稳，市场持续回暖，给世界带来稳定信心。《华尔街日报》评论说，疫情严重冲击欧美市场之际，中国成为跨国企业的坚强“后盾”。

从“把最好的产品带到中国”到“把在中国的成果推向世界”，中国市场的消费需求不是终点，而是新起点。五度参展的特斯拉带来了“S3XY”全系的新型汽车，展示了最新的智能产品。中国特斯拉超级工厂从建厂到量产，再到整车出口欧洲，每个环节都是“中国速度”的生动体现，中国联通内外市场的效率优势尽显。

从生产全球好物到消费全球好物，既是世界工厂又是世界市场的中国正激发出澎湃力量。14亿人口，中等收入群体超过4亿人，未来10年预计累计商品进口额超过22万亿美元……有着巨大规模、魅力和潜力的中国市场意味着更具广度和深度的国际合作。

从第一届进博会起，“全球首发、亚洲首秀、中国首展”就成为一大特色。每年都会展示大量新产品、新技术、新服务。中国正成为全球创新的重要能量场。从移动支付到第五代移动通信技术（简称5G）商用，中国不断完善的数字经济发展环境给了企业大显身手的信心。不仅如此，中国产业配套优势和产业链韧性也让跨国企业意识到携手中国创新的巨大前景。创新基地引进来，创新产品走出去，“始于中国，惠及全球”的创新步伐不断加快。

纵观三届进博会，经贸合作“成绩单”步步高升，而“开放”是不变的承诺。逆全球化趋势加剧，世界经济不确定因素增多，在此背景下，中国如期举办第五届进博会，以实际行动展现大国担当，各国企业踊跃参展，这都是对保护主义、单边主义的有力回应。

回顾过往，中国的开放一诺千金。党的二十大以来，中国扩大开放的步伐持续加快。中国领导人在进博会上宣布的扩大对外开放系列举措全面落实，中国与世界的开放互动迈向更高水平——商品和服务进口额增速明显高于全球平均水平、外商投资准入负面清单继续“瘦身”、扩容自由贸易试验区、设立海南自由贸易港、推动深圳进一步扩大改革开放、保护知识产权、高质量共建“一带一路”……中国将实施更大范围、更宽领域、更深层次的全面开放，扩大面向全球的高标准自由贸易区网络。

展望未来，中国仍以开放胸襟拥抱世界，将继续推进合作共赢、合作共担、合作共治的共同开放。正如埃及《金字塔报》所说，中国克服疫情不利影响，如期举办进博会，还提出建设开放新高地、促进外贸创新发展、持续优化营商环境、深化双边多边区域合作四大举措。这些都是中国发展始终与时俱进的最好证明。

（资料来源：樊宇．进取中国 博惠世界——从进博会看“双循环”的全球驱动力．新华社，2020-11-12.）

任务 1 国际市场营销内涵解读

1.1.1 市场

关于市场，古今中外说法很多。传统观念的市场，是指劳动产品交换的场所，即做买卖的地方。随着商品生产与商品交换的发展，市场不断扩大，交易场所也固定了下来。经济学家用市场来泛指进行交易的卖方和买方的集合。

广义的市场是指那些具有特定需要或欲望，愿意并能够通过交换来满足这种需要或欲望的全部顾客。市场营销学中的市场是指广义的市场，也称其为“营销市场”，这个市场的大小取决于人口、购买力和购买欲望三个要素，即：

（营销）市场＝人口 × 购买力 × 购买欲望

人口、购买力和购买欲望这三个要素，互相制约，缺一不可。如果人口很多，收入很低，则市场非常狭窄；假如一个国家或地区的居民收入很高，但人口很少，像瑞士、瑞典等国家，市场同样有限。当然，有了人口和购买力，如果商品不对路，引不起消费者的购买欲望，对于卖主来说，同样也不能形成市场。所以，对于企业营销人员来说，分析市场的大小，除了分析人口多少之外，还要研究人口的购买力和购买欲望。

【课堂活动1-1】

阅读以下文字，按相关要求开展讨论。

岛国上是否有市场？

美国一个制鞋公司要寻找国外市场，公司派了一名业务员去一个岛国，让他了解一下能否将本公司的鞋销给他们。这个业务员到岛上后待了一天发回一封电报：“这里的人不穿鞋，没有市场。我即刻返回。”公司又派出了另一名业务员，该业务员在岛上待了一个星期后发回一封电报：“这里的人不穿鞋，鞋的市场很大，我准备把本公司生产的鞋卖给他们。”公司总裁得到两种不同的结果后，为了解到更真实的情况，于是又派去了第三名业务员，该业务员到岛上后待了三个星期，发回一封电报：“这里的人不穿鞋，原因是他们脚上长有脚疾，他们也想穿鞋，过去不需要我们公司生产的鞋，因为我们的鞋太窄。我们必须生产宽鞋，才能适合他们对鞋的需求。这里的部落首领不让我们做买卖，除非我们借助于政府的力量和公关活动做好市场营销。我们打开这个市场需要投入大约1.5万美元。这样我们每年能卖大约2万双鞋，在这里卖鞋可以赚钱，投资收益率约为15%。”

要求：假如你是本例中的公司总裁，你将采纳哪一个业务员的建议？为什么？

组织形式：（1）以学习型项目团队为单位进行讨论。

（2）以团队为单位进行全班交流，教师点评。

考核要点：市场三要素；潜在市场与现实市场。

1.1.2 市场营销

市场营销一词来自英文marketing，它是由market（市场）派生而成的具有动词性的名词，基本含义是在市场中进行商品交换的活动过程。美国市场营销学家菲利普·科特勒给市场营销下的定义是：个人和群体通过创造产品和价值，并同他人进行交换以获得所需所欲的一种社会和管理过程。

综合国内外众多学者对市场营销内涵的解释，并结合市场营销的理论与实践，可以得出如下市场营销概念：市场营销是指企业利用自身的资源优势，通过市场交易满足目标顾客现实或者潜在需求的综合性商务活动过程。它以顾客需求为起点，也以顾客需求的满足为终点，适应市场环境的变化，实现商品价值，同时也实现企业的经营管理目标。从中可以看出，市场营销的实质就是营销企业通过营销活动解决社会生产与消费的矛盾，满足目标市场需求，实现营销企业预期的经营战略目标。

案例展示1-1：
小米的成功

市场营销与企业行为是密切相关、互不可分的。市场营销是企业经济活动中最主要、最基本的内容，企业是实现市场营销目标的组织形式。企业市场营销行为是把消费需求转变为企业发展机会的有效方式，是发展经济、满足现实需求和开发潜在需求、促进社会文明发展的重要手段，是联结生产与消费，实现企业与社会再生产的重要环节。

1.1.3 国际市场营销

1. 国际市场营销的概念

第二次世界大战后，国际市场竞争日趋激烈，企业经营国际化进一步深入发展，很多企业，特别是跨国公司都着力于占有国际市场。于是，学界把在一国之内行之有效的现代市场营销基本理论引申到国际经济活动中，经过营销学家的整理和总结后，便形成了国际市场营销理论。

国际市场营销是研究以国外顾客需求为中心，从事国际市场营销活动的企业营销管理方面的科学。美国著名营销学家菲利普·科特勒认为，国际市场营销（international marketing）是指企业跨越国界的营销活动，具体来说，就是引导企业的商品和劳务提供给一个以上国家消费者或用户，以满足其需求，实现企业盈利目标的整体营销活动行为。

2. 国际市场营销与国内营销的区别

国际市场营销以满足国外顾客需求为中心，是市场营销职能从国内到国际的延伸。因此，国际市场营销与国内营销的任务、手段、技巧基本相同。

但是，由于国际市场营销是“跨越国界”的营销活动，更大程度上受国际市场因素的影响，具有明显的差异性、复杂性、多变性、不确定性和不可控制性，比国内营销困难得多。因此，与国内营销相比，国际市场营销具有以下特点。

（1）营销环境复杂多变。世界各国在政治、经济、文化、法律、科技、自然环境等方面千差万别，导致各国在市场需求方面多种多样，在国内市场上可行的营销策略不能直接沿用到国际市场，在一国市场上成功的营销方法与手段也不能照搬到另一国市场。营销环境的国际差异性深刻地影响着企业的国际市场营销活动。

（2）市场竞争更加激烈。第二次世界大战以后，国际贸易发展迅速，国际市场上的经营主体形成了以跨国公司为主，经营各国优势产品的格局。企业在国际市场营销中要面对来自全球的竞争者，并且由于彼此地理位置与文化、环境等因素的差异，企业难以及时了解和掌握竞争对手情况，使得国际市场竞争远比国内市场竞争激烈和难以把握。

（3）营销管理更加困难。企业国际市场营销管理的任务不仅在于把各个国外市场的营销活动管理好，还需要根据企业目标进行统一规划，合理利用各国优势资源，适时调整营销策略，协调与控制好企业在国际市场上的整个营销活动，以取得整体的营销优势，实现企业利益最大化。

3. 国际市场营销与国际贸易的区别

国际市场营销是一个比国际贸易更宽泛的概念，二者之间既存在区别又有紧密联系。国际市场营销与国际贸易都是以获取利润为目的而进行的跨国界的经营活动，二者都是以商品与劳务作为交换对象，二者都面对着相同的国际环境。

但国际贸易是指各国之间商品和劳务的交换，主要着眼于国家利益，国际市场营销主要着眼于企业利益。美国经济学家范恩·特普斯特拉（Vern Terpstra）曾对国际市场营销与国际贸易进行了详细比较，如表1-1所示。

表1-1　国际贸易与国际市场营销比较

比较内容		国际贸易	国际市场营销
行为主体		国家	企业
产品是否跨越国界		是	不一定
动机		比较利益	企业决策（一般出于利润动机）
信息来源		国家的国际收支表	企业账户
营销活动	买和卖	进行	进行
	实体分销	进行	进行
	定价	进行	进行
	市场调研	一般不进行	进行
	产品开发	一般不进行	进行
	促销	一般不进行	进行
	分销渠道管理	一般没有	有

4．国际市场营销的基本形式

国际市场营销的基本形式和国际企业发展的基本形态紧密相连，国际企业的发展分为三种形式即国际贸易、海外投资及多国公司，因此，与之相对应，国际市场营销也有三种形式，如表1-2所示。

表1-2　国际市场营销的基本形式

<table>
<tr><th>基本类型</th><th colspan="2">表现形式</th><th>企业决策中心</th><th>市场</th><th>生产基地</th><th>范例</th></tr>
<tr><td rowspan="2">对外营销型</td><td rowspan="2">国际贸易</td><td>出口</td><td rowspan="2">本国</td><td>外国</td><td>本国</td><td rowspan="2">一般的国际贸易公司</td></tr>
<tr><td>进口</td><td>本国</td><td>外国</td></tr>
<tr><td>国外营销型</td><td colspan="2">海外投资</td><td>本国</td><td>外国（二国）</td><td>外国（二国）</td><td>福特公司在墨西哥建立汽车厂，从美国运出原料、配件在墨西哥生产汽车，汽车就在墨西哥销售</td></tr>
<tr><td>多国营销型</td><td colspan="2">多国公司</td><td>本国</td><td>外国（三国）</td><td>外国（三国）</td><td>英荷壳牌石油公司总部设在国内，将在丙国生产的商品输往乙国</td></tr>
</table>

【案例分析】

速卖通，中国原创品牌全球化新战场

一场金融危机催生了阿里巴巴的跨境电商B2C业务——速卖通。速卖通凭借直接连接商家和消费者的跨境零售电商模式，已成为中国中小企业出海的重要平台，大大降低了它们进入国际市场的门槛。“中国制造”借助速卖通直接触达海外消费者，升级为“中国品牌”，提高了议价能力；同时，速卖通也乘着“中国制造”和“一键卖全球”的东风，成为阿里巴巴集团全球化战略中的“排头兵”。

阿里巴巴最早的跨境电商业务以B2B形式为主。2008年全球金融危机发生后，海外机构买家需求下降，传统出口贸易受到冲击。阿里巴巴的B2B业务中小额批发的比例逐渐增加，甚至出现个人购买者。阿里巴巴意识到，跨境B2B向跨境B2C发展的时机已经成熟，速卖通由此应运而生。

时至今日，速卖通已经开通18个语种的站点，覆盖全球200多个国家和地区，海外买家数累计突破1.5亿。速卖通在全球100多个国家的购物类App下载量中排名第一，是覆盖“一带一路”沿线全部国家和地区的跨境出口B2C零售平台。

阿里巴巴全球速卖通与阿里巴巴旗下的菜鸟网络、蚂蚁国际等多方业务协同合作，打通海外物流、仓储、通关、支付等各个环节，在自身高速发展的同时，带动当地本土电商发展，推动这些国家相关的产业和生态提升。基于长期的建设投入，当2020年新冠疫情突然来袭、传统线下交易遇困的时候，速卖通凭借完整的基础设施体系保障了跨境贸易渠道的畅通，速卖通的业务也因此实现逆势增长。

过去十余年，阿里巴巴全球速卖通的业务发展经历了三个阶段。

第一阶段是创建之初到2012年，主要是从小额批发业务向零售业务转型。

第二阶段是2013年到2016年。从2013年开始，速卖通全面转向零售平台，投入大量的资源去招募中国品牌，并在俄罗斯等重点国家做本地化投入，帮助他们增强物流、支付等电商基建能力。在速卖通的推动下，俄罗斯邮政配送时间从几十天缩短到了最快五至七天。

第三阶段是从2017年至今，速卖通的整个业务向多元化的方向发展。2017年后，速卖通开始探索利用阿里巴巴的技术能力满足不同国家用户的差异化消费需求，业务更加多元化。

速卖通帮助中国企业用一种简单、轻量化的方式出海，无须采用线下传统渠道，不用开设办事处，也不用在当地找合作伙伴。它能快速地利用线上渠道触达全球200多个国家和地区的消费者。未来十年，速卖通持续打造中国企业出海的主阵地，帮助更多中国品牌和中小企业数字化和全球化，让全球的消费者能获得更加丰富和高性价比的商品，让他们的生活变得更美好。

（资料来源：余乐．十年一剑速卖通．腾讯网，2020-08.）

【问题讨论】

速卖通的发展反映了国际市场营销哪些发展趋势？结合案例与相关资料讨论，中国企业在国际市场营销活动中应该怎么做？

任务 2 国际市场营销动因分析

1.2.1 市场动因

对企业而言，国内市场容量与潜力毕竟有限，为了扩大市场，获得更大的生存与发展空间，企业应通过国际市场营销活动开拓更广阔的国外市场。各国政府为了保护本国市场、扶持本国企业的生产与经营，往往采取一些贸易保护措施如关税和非关税壁垒，以限制国外产品进入本国市场。对此，企业可以通过技术转让、对外直接投资等方式绕过贸易壁垒，使产品顺利进入国外目标市场。另外，对于国际企业而言，通过分散在世界各国市场的子公司之间的国际市场营销活动，可以将原来外部化的市场交易尽可能地内部化，纳入企业的管理体系中，实现对市场的支配与控制，从而达到全球利益最大化。因此，将国际市场内部化并发挥其优势，是国际市场营销活动的深层次动因。

1.2.2 竞争动因

随着市场经济的日益发展，国内市场日趋饱和，竞争日趋激烈。企业开展国际市场营销活动，一方面有利于避开竞争锋芒，在国外市场寻找新的生存空间；另一方面可将在国内市场接近饱和或衰退的产品输往产品正处于投入或成长期的国外市场，这样既可以发挥竞争优势，又可以延长产品的生命周期。企业可以在与国际市场竞争者的抗衡过程中不断提高自身的竞争力。

1.2.3 资源动因

世界各国都有各自的资源优势，企业通过国际市场营销活动可以获得自身发展所需要的自然资源、信息资源、技术资源、劳动力资源、先进的管理经验等，有利于更及时地把握国际市场动态，进行科学有效的营销决策，取得利益最大化。如波音公司的787飞机有230多万个零部件，其中大部分是在全球135个国家和地区的500多个供应商的工厂中生产和制造的。

1.2.4 利润动因

企业开展国际市场营销活动的根本目的是实现全球利益最大化。企业通过开展国际市场营销活动扩大产品销售，实现规模经济效益；通过享受本国及东道国政府的优惠政策，使企业获得更大的收益；通过海外投资等方式，利用国外丰富的自然资源和廉价的劳动力资源，生产出低成本的产品，从而使企业利润最大化；还可以通过企业内部转移价格等策略，使企业整体利益最大化。

学习专栏1-1：
中小企业跨境电商的机遇和挑战

任务3 国际市场营销观念变革

企业的国际市场营销观念经历了一个漫长的发展演变过程，曾先后出现了六种观念。

1.3.1 国内市场延伸观念

国内市场延伸观念是20世纪60年代初期国际市场营销实践刚刚开始之际形成的一种指导企业进行国际贸易的观念。其主要特点是：

- 企业经营重点主要放在国内。
- 企业主要以出口方式进入国际市场。
- 企业仅仅把国际市场看作国内市场的延伸与补充。
- 企业没有专门为国际市场设计营销组合策略，更没有根据国际市场中不同的市场设计差异化的营销策略，而是把为国内目标市场设计的营销组合直接推向国外。

1.3.2 国际有限差异化观念

国际有限差异化观念主要流行于20世纪60年代后期。采用这一观念的企业开始更多地参与国际市场竞争，为国际市场设计更为完善的营销策略。其主要特点有：

- 企业更加重视国际市场。
- 企业实行差异化的营销组合策略。
- 企业进入国际市场的方式更加复杂。
- 企业实施的是有限的差异化策略。

1.3.3 国际本土化观念

随着在国际市场上的成功，企业开始越来越重视国际市场，经营观念也开始从国际有限差异化观念发展为国际本土化观念，并且盛行于整个20世纪70年代。其主要特点是：

- 企业把国际市场放在和国内市场同样重要的位置。
- 企业高度重视国际市场中各个目标市场的差异性。

1.3.4 全球标准化观念

全球标准化观念的形成以西奥多·莱维特①在1983年发表于《哈佛商业评论》上的论文《市场的全球化》(The Globalization of Market) 为标志。在这一观念的指导下，企业将世界市场视为一个统一的市场，强调需求的相似性，忽视需求的差异性，把具有相似需求的潜在消费者群体归入一个全球性的细分市场，在全球范围内实行标准化的营销管理。

采用这一观念的优点在于：

- 企业可以利用规模效应来节约成本。
- 企业可通过标准化全球营销形成全球统一的品牌形象，实现组织结构的单纯化和营销控制的程序化。
- 企业通过标准化的全球营销有利于规避市场风险。

当然，全球标准化观念存在一定的适用范围，对于不同的产品类别应区别对待。

1.3.5 全球本土化观念

全球本土化观念是指按照消费者所处的地理位置、所处国家、文化背景和生活方式等标准来进行市场细分，针对各细分市场的不同需求推出不同的产品，制定不同的价格，采用不同的销售服务方式，选择不同的促销手段。

采用这一观念的优点在于：

相关链接 1-1：
全球消费趋势

① 西奥多·莱维特：现代营销学的奠基人之一，曾任《哈佛商业评论》主编。

- 可以更好地满足消费者需求。
- 可以获得垄断优势。
- 可以减少企业内部的摩擦成本。

1.3.6 全球混合化观念

全球混合化观念认为标准化和本土化都存在优缺点，因而企业在进行全球营销时，应该将二者的优点有机结合起来，通过两者的优势互补来增强企业的适应性。既要致力于研究需求的共性，追求营销组合各要素的标准化，同时也要注意到需求的差异性，在一定程度上做修改。即根据具体的市场决定标准化和本土化各自所占的比例，研究营销组合可以延伸到全球各地的程度以及必须修改使之适应各地情况的程度。

全球营销公司一般都在部分营销要素上保持尽可能的一致。全球混合化战略简单地说就是“思维全球化，行动本土化”。通常，当企业一半以上的销售收入来自国外时，国际市场营销向全球营销转换的进程就会加快。

活动设计

应 知 训 练

一、名词解释

市场　市场营销　国际市场营销　国际市场营销观念

二、单项选择题

1．市场营销学中的市场是指广义的市场，也称其为（　　）。

A．生产市场　　B．营销市场

C．大市场　　D．综合市场

2．Marketing最准确的翻译是（　　）。

A．市场　　B．市场营销

C．销售学　　D．市场经营学

3．国际市场营销观念发展过程中，在以（　　）为中心的阶段先后产生了生产观念和产品观念。

A．产品　　B．生产

C．销售　　D．消费者

4．与国际贸易相比较，国际市场营销主要着眼于（　　）。

A．国家利益　　B．个人利益
C．企业利益　　D．政府利益

5．联想集团收购IBM的个人计算机业务是（　　）的表现形式。

A．国内营销阶段　　B．出口营销阶段
C．跨国营销阶段　　D．全球营销阶段

三、多项选择题

1．市场构成要素有（　　）。

A．人口　　B．买卖方
C．购买力　　D．收入
E．购买欲望

2．企业开展国际市场营销活动的驱动力主要有（　　）。

A．扩大市场　　B．获取竞争优势
C．获取更多利润　　D．获取国内稀缺资源
E．企业获得更大声望

3．“以产定销”的国际市场营销观念有（　　）。

A．市场营销观念　　B．产品观念
C．绿色营销观念　　D．推销观念
E．全球营销观念

4．下列属于国际市场营销基本要素的有（　　）。

A．确定国际目标市场顾客需求
B．满足国际目标市场顾客需求
C．超越国际市场竞争者
D．协调国际市场营销活动
E．确认国际目标市场营销环境限制因素

5．决定国际市场营销复杂性的主要因素有（　　）。

A．全球经济环境　　B．全球化竞争
C．全球自然环境　　D．全球政治环境
E．全球人口环境

四、判断题

1．国际市场营销的复杂性在于国际市场营销与国内营销的任务、手段、技巧均不相同。（　　）

2．国际市场营销与国际贸易都是以满足国际市场顾客需求为目的而进行的跨国界的经营活动。（　　）

3．当国际市场营销处于“国内营销阶段”时，国际市场上不会有国内产品的

销售。(　　)

4. 全球营销阶段是企业跨国经营的最高阶段，以全球为目标市场开展国际市场营销活动。(　　)

5. 企业国际市场营销观念演变的根本原因是国际市场产品供求关系的变化。(　　)

应会操练

一、思维能力训练

【实训名称】

案例分析：非法营销贿赂医生　欧洲制药业被指黑幕重重

【实训目的】

通过该训练任务，使学生了解国际市场营销中的伦理问题及其非伦理行为的成因与危害，思考国际市场营销中伦理建设的途径，有助于培养学生良好的职业素养。

【实训步骤及要求】

1. 教师选择恰当案例，拟订需要讨论分析的问题；
2. 确定案例训练组织形式：学习型项目团队研讨会（6~8人）；
3. 教师主持课堂案例讨论，各团队推选一名代表阐明本小组的分析要点；
4. 教师进行最后点评与总结；
5. 各团队在讨论分析案例的基础上按以下要求撰写、提交“案例分析报告”，字数1 000字左右，文字表述要精炼、观点明确。

案例分析报告
时　间：
分析者：
团　队：
问题分析：
➤ 问题一：
➤ 问题二：

【实训考核】（百分制）

评分维度	资料的处理与应用	内容的充实性	知识的应用性	分析的逻辑性	创新性	报告文本	团队的分工合作
百分比	10	12	15	15	20	12	16
得　分							

【案例介绍】

非法营销贿赂医生　欧洲制药业被指黑幕重重

药品关乎人们的健康和生命，但世界一些大型制药公司的做法却让人们对治病救人的药品不再那么放心。据国际消费者联合会公布的研究报告，一些药厂隐藏营销策略、贿赂医生和操纵药品研究结果等卑劣的做法已经严重地危害了公众健康。尽管各国政府都采取了措施，但药厂的不法行为还是屡禁不止。

营销手段五花八门

据英国《卫报》报道，国际消费者联合会对欧洲20个大药厂进行研究分析后，得出了上述结论。研究报告说："不负责任的市场营销活动在整个制药行业造成了严重的、持续的和广泛的问题。"

报告详细列举了这些大公司违法操作的行为，其中包括制药公司隐藏市场营销策略，使人们不知道药品的详情。报告说，一种由默克制药公司生产的止痛药的营销过程就不道德。尽管默克公司已召回此药，但有消息说，其实默克公司早已知道此药可能增加病人心脏病发作和中风的机会。而且，默克公司还涉嫌操纵研究结果以降低对这种危险的评估。在美国，对该公司的诉讼案已经有6 000多起。起诉者称，这种药导致他们心脏病发作。

国际消费者联合会负责人说："药厂向医生推销药品的方法能够导致药品使用时出现无理性，这是非常令人关注的问题。"不少人可能认为他们是安全的，因为他们相信自己的私人医生，认为这些医生会负责任地告诉他们应该吃什么药，但报告说，人们没有理由那么放心。

在被调查的这20家大公司中，一半以上的公司与保健专业人员的关系有问题。例如，英国制药公司阿斯利康就受到管理部门的批评。为了推销该公司生产的药品，阿斯利康为医生们提供了音乐会票，在法国度假胜地举办研讨会，并为受邀的医生们支付来回机票及饭店房间费用。

英国最大的制药公司葛兰素史克也因向医生行贿而受到德国和意大利政府的调查。据称，德国至少有1 600名、意大利有4 000多名医生被葛兰素史克"污染"，葛兰素史克公司的非法礼品金额高达数亿欧元。

不法行为屡禁不止

报告说，尽管各国对大制药公司都采取了管理措施，但不法行为仍在继续。报告呼吁各国政府采取更加严厉的控制措施，同时呼吁各大药厂"管好自己家里的事"。

报告指出，制药公司用于营销的经费是研究资金的两倍，但各药厂并没有公布其药品营销活动的信息。在国际消费者联合会调查的20家大公司中，只有百时美施贵宝公司向消费者提供了一份营销行为准则。

国际消费者联合会负责人说：“不法行为的证据很多。这个报告发现这些不法行为仍在继续，而且规模很大，但它必须停止。”

（资料来源：郭国庆. 营销伦理［M］. 北京：中国人民大学出版社，2011.）

【问题讨论】

1. 结合案例和国际市场营销实际，举例说明国际市场营销中非伦理问题的几种表现形式；

2. 分析国际市场营销中非伦理行为的危害、成因及伦理建设的途径。

二、综合能力训练

团队项目：当地行业/企业开展国际市场营销的情况调查。

【实训目的】

通过该实训项目的操作，使学生了解当地企业开展国际市场营销活动的现状，明确企业进行国际市场营销活动的必要性和重要性，找出其存在的问题，并提出可行的解决措施。

【实训要求】

1. 教师对当地的行业/企业先按一定的标准进行分类，根据教学班级的学习型项目团队情况，各团队分别选择不同的行业/企业进行相应的资料收集。

2. 教师需要与有关行业协会/企业取得联系，帮助学生取得相关资料。

3. 各项目团队在开展实地调查前需做好准备，如调查计划的拟订、调查问卷的设计、访谈提纲的制作等，并注意与调查对象的沟通方式。

【实训操作步骤】

1. 收集、整理、分析资料。

通过实地走访、网络调查等途径收集、掌握背景企业（当地一家开展国际市场营销的企业）情况以及近几年来开展国内外市场营销概况。

2. 集体讨论。

在收集诸多相关信息资料的基础上，以项目团队为单位进行讨论，研讨中心围绕该背景企业国内市场营销活动的开展过程及成效，开展国际市场营销的背景、动因，国际市场营销理念及国际市场营销模式，国际市场营销发展情况及成效，国际市场营销的发展前景、存在的不足及其改进措施等。

3. 成果提交。

在集体讨论分析的基础上，各项目团队提交格式规范的《××行业/企业国际市场营销状况调查报告》，包括：

- 背景企业国内市场营销概况；
- 背景企业开展国际市场营销的背景及动因；
- 背景企业国际市场营销理念；

● 背景企业国际市场营销模式；

● 背景企业国际市场营销发展概况；

● 背景企业国际市场营销局限及改进措施等。

4. 实训成果汇报、评议、成绩综评。

● 各项目团队推选一名代表采用PPT形式进行实训成果汇报；

● 同学互评，教师进行适当点评并进行实训总结；

● 教师对各项目团队及各成员进行综合成绩评定。

【实训成果】

《××行业/企业国际市场营销状况调查报告》。

【实训考核】（百分制）

评分维度	信息的处理与应用	知识的应用性	分析的逻辑性	创新性	实训文本	演讲者仪容仪态	答辩	团队分工合作
百分比	10	15	15	18	10	10	10	12
得　分								

模块二

国际市场分析

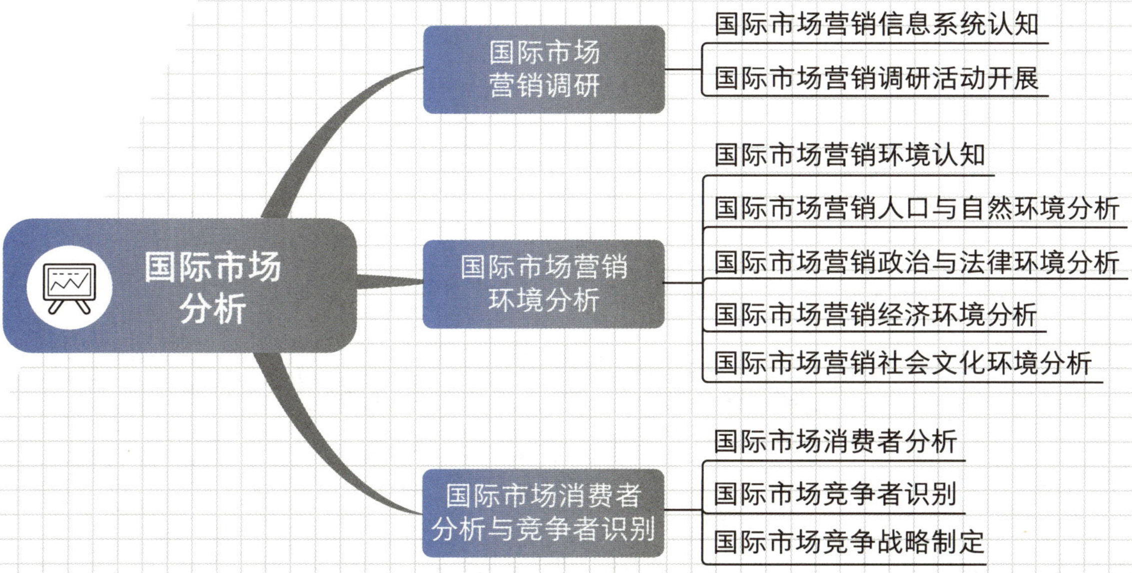
国际市场分析
国际市场营销调研
国际市场营销信息系统认知
国际市场营销调研活动开展
国际市场营销环境分析
国际市场营销环境认知
国际市场营销人口与自然环境分析
国际市场营销政治与法律环境分析
国际市场营销经济环境分析
国际市场营销社会文化环境分析
国际市场消费者分析与竞争者识别
国际市场消费者分析
国际市场竞争者识别
国际市场竞争战略制定

项目二

国际市场营销调研

学习目标

※ 知识目标

· 了解国际市场营销信息系统构成

· 掌握国际市场信息来源渠道

· 掌握国际市场调研方法及调研报告撰写技巧

※ 能力目标

能够结合实际，为涉外企业进行实用、适用的国际市场营销调研策划

※ 素养目标

通过本项目的学习，培养学习者良好的自主学习与合作学习能力，使学习者的营销调研能力、创新能力、书面表达与口头表达能力、团队协作能力等方面得以提升

【开篇案例】

大数据赋能企业精准营销

随着时代的变化，计算机已走进人们的生活，在飞速发展的互联网时代，每个用户在使用互联网后留下的痕迹，则成为宝贵的数据。现代企业通过分析这些数据，可以进行更加精准的客户营销。

现在，很多企业都构建了基于大数据技术的数据营销平台，实现了海量的、不同类型的数据的收集，并跨越多种不同的系统，比如，不同的渠道平台（网络销售平台、实体批发及零售平台），不同的客户需求，不同的细分市场，不同的但可以区隔的市场区域。这样就可以帮助企业迅速收集消费者的海量数据，分析、洞察和预测消费者的偏好和价格接受度；分析各种渠道形式的销售测试数据以及消费者对企业所规划的各种产品组合的反应。企业因此能够利用大数据技术了解客户行为和反馈内容，深刻理解客户需求，关注客户行为，进而高效分析信息并做出预测，不断调整产品的功能方向，验证产品的商业价值，制定科学的价格策略。

用数据进行选品，用数据分析消费者习惯，用数据透视市场趋势……谁能够更深层次地挖掘数据，更加精准地分析数据并做出正确决策，谁就能在行业内脱颖而出。大数据时代的来临，仿佛让卖家们配备了高倍显微镜，能够对关键要素的结构和变动看得更加清晰。同时大数据又构建了新的游戏规则，使得企业能够用全新的视角和方法来开展新营销工作。

然而，要真正了解用户、懂得用户，就不得不提到“用户画像”。用户画像即用户信息的标签化，从本质上来说，是数据能力的体现。借助用户画像，企业可以深入挖掘用户需求，从而实现精细化运营和精准营销。其作用包括：

（1）用户分析：根据用户的属性、行为特征对用户进行分类后，可以统计不同特征下的用户数量、分布，分析不同用户画像群体的分布特征。

（2）数据挖掘：以用户画像为基础，开发人员可以构建推荐系统、搜索系统和广告投放系统，提升服务精准度。

（3）服务产品：描绘产品的用户画像，对产品进行受众分析，更透彻地理解用户使用产品的心理动机和行为习惯，完善产品运营，提升服务质量。

（4）行业报告与用户研究：通过用户画像分析可以使运营人员更了解行业动态，如消费习惯、消费偏好分析、不同地域品类的消费差异等。

随着大数据的应用逐渐成熟，它充分地为传统的营销赋能，让营销对象的颗粒度不断变小，从而使以个人为最小单位的精准营销成为可能。

（资料来源：个推用户画像的实践与应用，CSDN社区网站，2019-01，引文有删改。）

任务 1
国际市场营销信息系统认知

2.1.1 国际市场营销信息系统的含义

国际市场营销信息系统是指一个由人员、机器、程序构成的人机相互作用、协作的组合系统，企业在国际市场营销过程中通过这个系统对目标市场的信息进行收集、挑选、分析、评价和使用，为国际市场营销管理人员制定、改进营销计划以及执行、控制工作提供强有力的信息支持。

国际市场营销信息系统的作用主要是保证企业可以收集国际目标市场的相关信息，保证收集到的信息与营销管理人员将要作出的决策相关，保证这些信息经过处理后可以被相关部门理解和运用。

2.1.2 国际市场营销信息系统构成

建立国际市场营销信息系统的目的在于收集、分析、评价和充分运用国际市场的相关信息，帮助企业营销人员和决策者进行营销规划，制定与实施营销计划，进行有效的营销控制，提高企业了解、适应、掌控国际市场营销环境的能力。一个完整的国际市场营销信息系统应该包括内部报告系统、营销情报系统、营销调研系统和营销分析系统四个方面，它们共同完成企业内外部环境的联通，形成了完整的营销信息流循环过程，如图 2-1 所示。

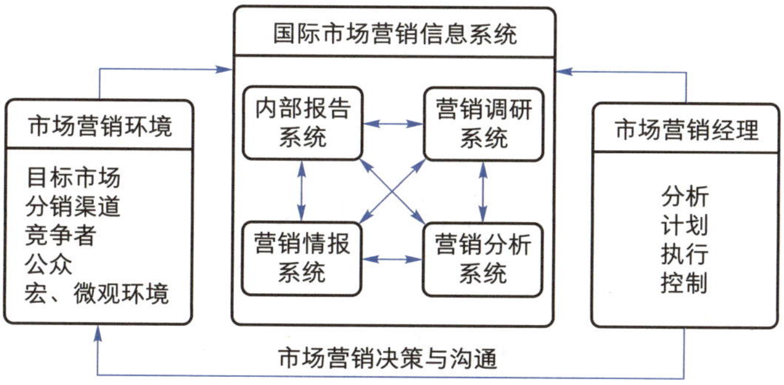

图2-1 国际市场营销信息系统

1. 内部报告系统

内部报告系统以企业的会计系统和销售信息系统共同组成，前者为主，后者为辅。它是国际市场营销信息系统中最基本的子系统。内部报告系统的作用主要是报告订货、库存、销售、费用、现金流量、应收账款、应付账款等和企业会计工作联系紧密的数据，如图 2-2 所示。

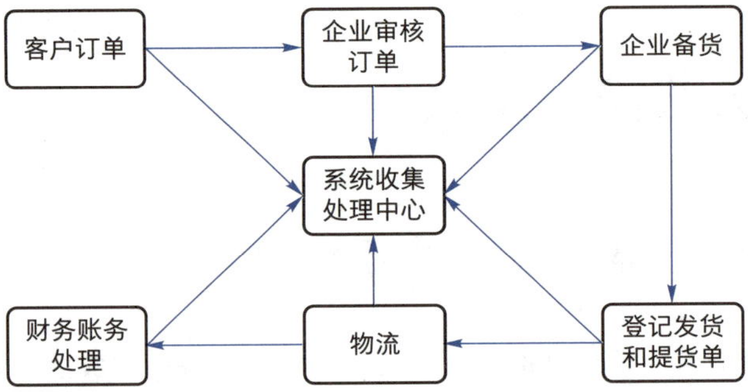

图2-2 国际市场营销信息系统之内部报告系统

2. 营销情报系统

营销情报系统是跨国经营企业收集有关目标市场营销环境发展变化信息的系统。营销情报系统的建立和使用，使企业情报处理的重点由生产数据统计转变为以市场为主体的信息处理。越来越多的企业重视营销情报的收集与管理，同时加强与外部市场环境的情报交换，增加营销情报的总量，提高公司营销情报处理的能力。

3. 营销调研系统

营销调研系统的主要职能与任务是根据企业国际市场营销工作面临的主要问题，对与具体的营销决策有关的信息进行系统的收集、分析和报告。营销调研系统能够帮助企业评估目标市场的潜力，了解消费者购买行为的变化趋势，调查产品定价、销售、促销等方面的效果。

4. 营销分析系统

营销分析系统是用先进的技术、方法和统计模型来分析市场营销数据和信息，以更好地进行营销决策的系统。

任务 2 国际市场营销调研活动开展

2.2.1 国际市场营销调研概述

1. 国际市场营销调研的含义

案例展示2-1：市场声音的价值

国际市场营销调研是以国际目标市场为对象，用科学的方法，客观、系统地收集、整理、分析有关目标市场国的数据、信息和资料，用以帮助跨国经营企业进行有效的国际市场营销决策，制定合适的国际市场营销战略。

2. 国际市场营销调研要素之间的关系

国际市场营销的调研要素与企业的营销调研要素基本相同，主要由调查主体

（研究者）、调查客体（被访者）和调查宿体（委托开展调研的客户）三方面构成。营销调研三要素之间的关系如表2-1所示。

表2-1　营销调研三要素之间的关系

<table>
<tr><th>要素</th><th>具体含义</th><th>各要素之间的关系</th></tr>
<tr><td>调查主体</td><td>调查主体是整个营销调研活动的具体组织者、操作者。主要负责营销调研活动的设计、组织工作，同时还承担市场信息的收集、整理、汇总和分析等任务</td><td rowspan="3">1. 调查宿体提出营销调研的任务与要求
2. 调查主体根据这些任务和要求设计出营销调研方案，并向调查客体进行调查
3. 调查客体向调查主体提供有关的市场信息
4. 调查主体对所获取的信息进行整理、分析，得出调查结果，并将其结果反馈给调查宿体
5. 调查宿体根据调查结果加以取舍，作出相关决策</td></tr>
<tr><td>调查客体</td><td>调查客体是指营销调研的调查对象</td></tr>
<tr><td>调查宿体</td><td>调查宿体是营销调研结果的使用者</td></tr>
</table>

3. 国际市场营销调研的内容

国际市场营销调研的内容非常广泛，主要包括环境调研、产品调研、分销渠道调研和促销调研等方面。

学习专栏2-1：营销调研三要素之间的权利与职责

（1）环境调研。环境调研又进一步分为宏观环境调研和微观环境调研两个方面。

① 宏观环境调研。通常采用PEST分析方法，即通过政治（politics）、经济（economy）、社会（society）和技术（technology）这四个因素来分析企业所面临的目标市场国的宏观环境，如政治环境、经济环境、社会环境和技术环境。

② 微观环境调研。主要涉及市场竞争者、原料供应者、产品购买者和社会公众及目标市场国的竞争结构等方面的问题。通过微观环境调研，跨国经营企业须获得以下信息：企业的主要竞争者及其经营状况等背景资料，主要竞争者的优势、产能、销售和市场占有率，目标市场国竞争结构和竞争强度等。

（2）产品调研。产品调研主要调研目标市场国同类或类似产品的以下内容：

- 供给情况，包括产品的来源渠道、竞争者的生产能力等；
- 需求状况，包括需求的种类、数量、质量要求等；
- 价格状况，包括竞争者产品的价格、价格与供求变动的关系、影响定价的因素等。

（3）分销渠道调研。分销渠道调研主要包括目标市场国产品分销渠道模式及特征，中间商的构成及分布，市场惯例等内容。

（4）促销调研。促销调研主要包括目标市场国相关的法律规定和商业惯例，消费者对各种促销方式的反应，促销方式的效果等内容。

2.2.2 国际市场营销调研类型

国际市场营销调研又称国际市场营销调查，分为以下四种类型。

1. 探测性调查

探测性调查是指企业对目标市场国认知有限，或者对国际市场营销活动中发生的问题找不到突破口、不知如何处理时而采用的国际市场营销调研方法。该种调研获取信息的途径主要有：查阅现有资料，向有关专家、产品设计者、技术人员和顾客进行调查，参考企业以往的国际市场经营案例等。

2. 描述性调查

描述性调查是指企业在进行国际市场营销活动时，对所面临的目标市场现状的研究。该种调查资料的采集与记录侧重于对客观事实的描述，描述某个相关消费群体的特征，评估目标消费群体中固定行为的发生概率，测量目标顾客对于企业产品的喜好程度和满意度，确定相关营销变量之间的关系。大多数的国际市场营销调研都属于描述性调查。

描述性调查通常采用的方法包括访问法、问卷法、文献法和观察法。与探测性研究相比较，描述性调查的结构更加复杂，得到的结果相对也更为全面。

3. 因果性调查

因果性调查是指为了查明企业国际市场营销活动中不同要素之间的关系以及导致这种关系产生的原因所进行的调查活动。通过因果性调查可以帮助企业查清外部经营情况的变化对企业营销活动开展的影响程度以及企业营销策略变动与市场反应的灵敏性。

因果性调查的目的在于找出企业营销活动中各变量之间的因果关系。如果说描述性调查是为了说明变量的情况，那么因果性调查就是为了确定哪些变量是起因变量（自变量或独立变量），哪些变量是结果变量（因变量或响应变量），并确定起因变量与需要预测的结果变量之间相互关系的性质和联系。

进行因果性调查的主要方法是实验法，此外也包括统计方法及可以用于检验因果关系的模型。例如，为了检验包装（自变量）对销售量（因变量）的影响，可将同类商品随机地分为两组，分别为新包装的商品和原包装的同种商品，再进行比较。

4. 预测性调查

预测性调查是为了测量和推断目标市场国未来的变化方向和趋势而进行的调查。这种调查涉及范围广、方法多、过程复杂。预测性调查往往是在描述性调查和因果性调查的基础上进行的，因此其结论通常直接被用作制定国际市场营销策略和作出国际市场营销决策的依据。

2.2.3 国际市场营销调研步骤

1. 确定调研目标

确定调研目标是企业进行国际市场营销调研活动的第一步，是国际市场营销调研活动的开始。国际市场营销调研活动远比国内市场营销调研活动复杂得多，在确定国际市场营销活动调研目标时，需要选择有针对性的问题进行调研，调研目标要具体、明确。

2. 确定调研范围

一般而言，国际市场营销调研范围主要包括以下四个方面。

（1）与企业市场状况有关的调研。目的在于收集和分析整体市场潜力，预测商品销售状况以及收集目标客户信息等。

（2）与企业可控因素有关的调研。主要是对企业的国际市场营销产品、价格、分销渠道、促销手段等企业能够控制的要素进行调研。

（3）与企业不可控因素有关的调研。企业面临的国内外营销的宏观环境与微观环境往往左右着国际市场，在很大程度上影响与制约着企业国际经营目标的实现。因此，企业需要对此类不可控因素进行调查研究。

（4）与竞争有关的调研。主要是收集企业产品所处的国际市场竞争地位和国际市场占有率的信息，收集企业国际市场主要竞争对手的经营战略等。

3. 进行初步调查

进行初步调查的目的是根据所拟订的调查目标了解产生问题的一些情况，根据了解到的情况提出应该如何解决问题。初步调查的方法包括：研究企业外部资料，分析企业内部资料，对企业相关负责人进行访谈或者收集资料并讨论有关经营方面的内容。初步调查应在不另外花费时间和费用的情况下收集资料，以便能很快找出问题的症结所在。

4. 进一步深入调研

（1）收集资料。收集到的资料主要包括直接向用户收集的第一手资料和间接调研所得到的第二手资料。

（2）编辑、整理收集的资料。由于调查人员工作中的误差或者被调查者主观偏差，使得有些资料中存在着一些错误信息，这就需要调查人员通过编辑、整理，确定这些资料是否能够用于调研。

（3）统计、分析资料。对资料进行统计并将统计结果制成容易阅读和理解的图表，通过分析、整理资料得出相应的结论，形成国际市场营销调研报告。企业一般常用的统计方法包括多元回归法、判别分析法、因子分析法等。

5. 撰写调研报告

撰写调研报告是营销调研过程中重要的一环，市场营销调研报告的内容和质量决定了它对企业领导据此决策行事的有效程度。

国际市场营销调研报告的结构通常分为三大部分，即导言、报告主体及附件。导言部分主要包括标题页、目标表、委托信、摘要、工作小结等。报告主体包括调研的目的、调研方法与步骤的阐述、样本分布的情况、调查表的内容、统计方法及数据、误差估计、存在的问题、调查结果、结论及建议等，是营销调研报告中篇幅最长的部分。附件包括读者进一步研读所需要的但对报告数据并非必要的附加信息，如表格、图形、附加读物、技术性描述、相关数据、统计资料原稿、访问者约会记录、参考资料目录等。

2.2.4　国际市场营销调研方法

企业通过国际市场营销调研获取资料的途径通常有两类：一类是通过调查者的实地观察、研究、询问、收集所得到资料，称为原始资料；另一类是调查者按照本企业的需要，通过合法途径取得为企业所用的他人研究资料，称为二手资料。收集原始资料和二手资料常见的方法有案头调研法和实地调研法。

1. 案头调研法

案头调研法又称为间接调研法或者文献调研法，是对既有的资料进行收集分析的调研活动，也就是对国际市场上的二手资料进行收集、分析、整理。案头调研具有调研成本低、花费时间短、资料收集方便等优点，但也有其局限性，如资料的时效性较差，无法获取市场的详细资料，资料来源不稳定、可靠性差等。因此，做好案头调研的关键在于熟悉资料的来源与检索方法，同时还需要正确认识与评价这些资料的背景材料和合理成分。

跨国经营企业获取国际市场二手资料的来源与渠道主要有：

（1）企业内部，如企业进、销、存记录，运输记录，财务报表，客户管理记录等。

（2）国际性组织，主要是指国际经济贸易的相关机构。这些机构主要提供相关产品研究、各国市场介绍、各国贸易政策等，并有专业人员对企业提出的相关问题进行咨询。此外，还有各级政府组织出版的统计资料，如《统计年报》《国际贸易统计年报》《人口统计年报》等；相关领域的国际会议及会议出版的公报、文件以及各国关于国际市场方面的资料；世界银行出版的《世界发展报告》《世界银行统计表》，内容主要包括各国的人口、人均国内生产总值、通货膨胀情况、粮食产量、国民经济发展状况；国际货币基金组织出版的《国际金融统计》，主要内容包括各国政府财政状况、利率、产品价格、技术转让等方面的资料；经济合作与发展组织出版的《经济调查》《金融统计》等刊物。

（3）外国政府的官方机构。为了保障本国公民和企业在其他国家的利益，各国政府通常在其他国家设有办事机构，这些办事机构向出口商提供有关统计资料、市场信息，及时通报进出口政策的变化、当地商业惯例及经营相关产品的经销商、代理商名录等。

（4）商会机构。商会机构主要向进行跨国经营的企业提供登记在册的会员名称及企业在目标市场国的业务情况。

（5）出版社和研究机构。出版社和研究机构可以为企业提供专业的统计资料以及对市场调研有价值的出版物。

（6）消费者组织。国际上保护消费者利益的组织通常会组织检查企业在目标市场国出售的商品，并且把检查结果发表在相关权威刊物上，同时还报道商品零售价格的变化和消费者对变化情况的反应，以及对消费者进行的相关市场调查等。

2. 实地调研法

实地调研法是指直接对国际市场开展市场调研，从而取得第一手资料的调研方式。一般通过下列方式进行：一是通过营销调研小组深入目标市场国，以销售推广、问卷、访谈等形式进行调研；二是通过各国主流媒体（报刊、电视、广播、网络）等寻找资料；三是委托本国驻外组织或驻外商务机构进行市场调查。

实地调研常常采用的方法有询问法、观察法、实验法和抽样调查法。

（1）询问法。询问法是企业将需要调查的项目以面对面询问或者通过网络电话、邮寄等方式，向具有代表性的被调查者了解情况，从而获得国际市场原始信息资料的一种方法。询问法根据询问方式的不同又可分为面谈法、邮寄法、电话调查法和网络在线询问四种形式。

（2）观察法。观察法是指调研人员直接到现场，通过工具、仪器或直观方法，观察被调查对象的行为、表情，从而获得信息资料的方法。这种调查方法适合于商店的顾客行为观察、客流量观察以及在展销会、博览会、订货会等场合进行的观察活动。

【案例分析】

跨境电商选品调研

跨境电商已成为中国企业进入国际市场的主要业务模式之一，选品是跨境电商运营的关键，选择合适的产品是成功的前提。以手动榨汁机为例，着重介绍跨境电商平台选品的调研方法。

1. 查询市场现有供应量

查询跨境电商平台有多少款榨汁机产品已经在销售，这样可以大致预估产品上市后的市场竞争程度，一般是以搜索框内搜索出的数量为依据进行判断。另外，为了避免对关键词的判断不准确，可以选取搜索结果中的最畅销产品，借助卖家精灵软件的关键词反查功能，获取竞品清单上的主要流量关键词，以便于更加精准地判断市场供应数量。

最畅销产品的主要流量关键词为柠檬榨汁（lemon squeezer）、橙汁（orange juicer）、柠檬汁（lemon juicer）、橙子榨汁（orange squeezer）等，把这些关键词都输入搜索框，得到一个大致的市场供应量，为选品做第一步判断。

2. 查询市场需求量

即每个月有多少人在搜索这款产品，爆款的最大特点一定是供不应求，而滞销款最大特点一定是供大于求，所以市场需求量的查询至关重要。市场需求量是每个主关键词搜索量的总和。查询出该款产品几个主关键词相加的搜索量大概为20万次左右，实际的精准结果会小于搜索结果，但是高于10万的搜索量说明这款产品的市场需求量比较大。

3. 查询产品是否有设计专利

避免因侵权被下架，查询的相关网站主要是两个：美国专利商标局官网和谷歌专利网。输入产品的主关键词及亚马逊上现有的卖家店铺名称进行检索，如果搜索到了专利结果，那么这款产品就不适合选择，因为最后的结果一定是以失败告终，还极有可能会面临一定数额的赔偿金，得不偿失。

4. 核算成本

一般做法是去1688搜索，一般以10家左右的供应商为一个基准进行接洽，预估出该款产品的最低进货价格。后期一定要拿样品进行判断，以避免那种价格低、质量差的产品。

产品价格确定了，依据产品的重量，选好物流方式（海运快船、慢船、快递、空派等），计算出相应的头程费用（也就是从厂家发到亚马逊仓库的费用）。费用的计算一般以亚马逊官方的计算工具为准，基本可以算出一款产品详细的成本利润结构，一般毛利率达到50%左右即为不错的产品，毛利率低于20%则不建议选择，因为20%的毛利率不足以支撑运营成本。

5. 查询首页的销量情况

首页的销量情况可以预估该产品的市场容量。如果一个产品在首页的产品销量非常一般，证明它的市场容量很小，那么进入这个市场就没有实际意义。

现在最方便的查询首页销量的方法就是通过对手的每个月的评论数量来进行推测，一般自然购买的留评率为2%左右，所以用对手一个月的评论数量乘以50就可以得出对手月销量的估值。

6. 利用谷歌趋势网站（Google Trend）来查询该目标产品的年度热度情况

在谷歌趋势网站输入产品的主关键词，查看该产品的年度搜索曲线，如果产品曲线存在较大的波动，则说明该产品有明显的淡季和旺季，属于季节性产品，进入这种产品市场则有很大的风险。

（资料来源：雨果网，有删改。）

【问题讨论】

国际市场营销调研与跨境电商选品调研有何异同？试进行比较分析。

（3）实验法。实验法是指从影响调查结果的诸多因素中选出具有代表性的因素，将其置于一定条件下进行实验，然后对实验结果进行分析的方法。

学习专栏2-2：市场调查与市场预测

实验法通常采用现场实验和实验室实验两种方式，有控制地分析市场变量的因果关系，从而获得客观、实用的信息资料。因此，实验法在市场调查中的应用范围很广，如改变某一产品的品种、包装设计、价格、促销等因素，都可以采用此方法进行调查。

实验法也有明显的缺点，如成本高，占用时间长，尤其是开展大规模的现场实验，可能对企业的经营产生持续的影响；干扰因素多，对营销环境中的可变因素难以完全掌握，其发展趋势难以控制；企业不可控制的政治、经济、社会、自然等宏观环境因素对实验结果也会产生很大影响。另外，现场实验如果缺乏经销商的合作，会影响和限制实验活动的开展；实验人员对市场营销知识的把握程度也会对实验结果产生很大影响。

（4）抽样调查法。抽样调查法是从全部被调查对象中根据一定的标准抽取一部分进行调查，然后根据调查结果推断出总体情况的方法。抽样调查法的类型和特征见表2-2。

表2-2　抽样调查法的类型和特征

抽样类型		特征
随机抽样	简单随机抽样	从总体中随机地分组，随机地抽取调查单位。每个样本单位被抽中的概率相等，每个样本完全独立
	分层随机抽样	在抽样前先依据总体的特征将总体分成若干层次，再利用简单随机抽样法从各层中抽取样本
	分群抽样	当调查单位分布较为稀疏且不均匀，或总体的异质性很高而不能订立统一标准进行分层时，只能采用调查若干区域的方法，这就是分群随机抽样法。分群抽样时，各样本之间应具有共性
非随机抽样	任意抽样	也叫便利抽样，是指调查人员本着随意性选择样本的原则进行抽样的方法。这种抽样方法认为被调查总体中的每个样本都是相同的
	判断抽样	又称立意抽样，是根据调查人员的主观经验从总体样本中选择最能代表总体样本特征的单位作为研究样本的抽样方法
	配额抽样	根据总体中各调查对象的特征对总体中的样本进行划分，从而对各层次的总体样本进行抽样的方法

2.2.5　国际市场营销调研实务

学习营销调研的基本要求和程序，是为了在国际市场营销实践中予以运用。

1. 制订营销调研计划

一项营销调研计划主要包括以下几个方面。

（1）确定资料来源。营销调研的资料主要来源于原始资料与二手资料。

（2）选择调研方法。企业需要根据实际调研的需求选择合适的调研方法。

（3）设计调研工具。常用的调研工具主要有调研问卷、进行观察或实验用的有关设备及仪器等。在选择调研工具时，应考虑调查客体的文化水平、专业技术能力等方面的因素。

（4）决定抽样计划。抽样计划是根据调研的目的来确定抽样单位、样本数量以及抽样方法。

（5）确定接触调查客体的方式。在抽样计划被确定之后，营销调研者必须决定采用何种接触被调查对象的方法，如在邮寄调查、电话访问、人员面谈、网络访问等方式中选择。

（6）确定调研人员及费用。这主要是指确定适合参加市场调查人员的条件、人数及其调研培训费用。

2. 设计营销调研问卷

调研者请被调研者填写事先统一设计的问卷，以达到向被调研者了解有关营销方面信息的目的，这一资料收集的方法称为问卷调研法。

一般而言，调研问卷由以下几部分构成。

（1）说明词。说明词一般在问卷的开头，或者作为问卷的附件。说明词的目的是说明调查的内容、宗旨、要点等内容，使被访问者对所要调查的问题有一个明确的了解。

（2）所需收集的资料。这是问卷的核心部分，也可称为问卷的“正文”，它包括一系列按一定次序排列起来的问题。这些问题要求被访问者作答，把这些问题的答复加以整理分析便是调查的结果，即市场资料。

（3）被调查者的分类资料。这部分主要是被调查者基本情况方面的资料。有了基本特征资料，就可以进行分组研究。

被调查者包括两类：一是自然人。其特征分类资料包括性别、年龄、社会地位、经济状况、职业、籍贯、宗教、教育水平等。二是组织。其特征资料包括行业类别、资金、经营规模、职工人数等。

（4）计算机编码。在开展大型的问卷调查时，资料的处理工作量一般比较大，通常采用计算机处理。因此，在问卷设计上往往设计计算机编码。这样，在取得第一手调查资料后，便可以使用计算机进行处理、汇总、分类、排序、分析等。

（5）作业证明记载。作业证明记载用以说明该项作业完成的情况和调查者的责任，有利于检查、修正调查资料，主要是调查者与被调查者的记载，如调查者的姓名、调查时间，被调查者的姓名、单位等。采用匿名调查的问卷则不写被调查者姓名。

【课堂活动2-1】

要求：你曾经参加过哪些市场问卷调查？如何提高问卷调查的回复率及其成效？

组织形式：（1）以学习型项目团队为单位进行讨论。

（2）以团队为单位进行全班交流，教师点评。

考核要点：问卷调查法的特征及其适用性。

3. 撰写市场调研报告

详见本项目“2.2.3”的“撰写调研报告”部分。

营销伦理2-1：
第三方数据沦为企业牟利工具

活动设计

应知训练

一、名词解释

国际市场营销信息系统　国际市场营销调研　案头调研　询问调查法

二、单项选择题

1. 产品进入国际市场后，经营者必须马上作出的正确决策是（　　）。

A. 降低价格　B. 跟踪信息　C. 扩大销路　D. 开发新品

2. 市场调查问卷是为收集数据而设计好的一系列问题，从而使收集数据的程序标准化和（　　）。

A. 定量化　B. 信息化　C. 扩大化　D. 统一化

3. 国际市场调查就是收集、整理和分析与市场营销有关的资料和数据，其收集数据的程序必须系统，收集数据的态度必须是（　　）。

A. 详尽的　B. 认真的　C. 客观的　D. 谨慎的

4. 在大规模市场询问调查前，往往要做一点必不可少的间接调查，称为（　　）。

A. 专家调查　B. 试调查　C. 案头工作　D. 资料筹备

5. 电话调查是一种非常省力、省时的直接调查方法，但其存在的问题是（　　）。

A. 代表性差　B. 访问量少　C. 费用太大　D. 沟通不畅

6. 专家小组为技术含量高的新产品做上市前的预测，常用的做法是（　　）。

A. 经验判断　B. 态度量表　C. 案头调查　D. 电话调查

7. 生活日用品市场调研的结果往往公布在（　　）上。

A．报纸　　B．电视　　C．广播　　D．互联网

8．了解企业在市场中可能遇到的问题，可以利用（　　）。

A．预测研究　　B．描述研究　　C．探测研究　　D．因果研究

9．最终调研报告的主要沟通对象是（　　）。

A．谈访对象　　B．销售经理　　C．主管经理　　D．调研人员

10．大规模的市场调查研究一般都应该做随机抽样设计，这是为了（　　）。

A．专业研究　　B．资料分析　　C．案头工作　　D．控制误差

三、多项选择题

1．通常情况下，市场调研分为（　　）几种类型。

A．探测性研究　　B．描述性研究　　C．因果性研究

D．分析性研究　　E．预测性研究

2．国际市场调研与国内市场调研的重要区别之一就是文化的差异。文化差异通常表现在（　　）。

A．语言不同　　B．理解不同　　C．地域不同

D．由于文化差异所导致的社会制度、行为方式、风俗习惯不同

E．购买力不同

3．开展国际市场营销调研的程序可以分成以下步骤：（　　）。

A．制定调研课题，明确调研目标　　B．制定调研方案

C．执行调研方案　　D．撰写调研报告

E．指导调研工作

4．实地调研的计划涉及（　　）。

A．时间安排　　B．预算安排　　C．程序安排

D．人员安排　　E．进度安排

5．调研报告的正文中关于调研项目的内容，包括（　　）。

A．调研项目介绍　　B．调研目标及其必要性

C．调研方法　　D．调研结论

E．局限性

6．案头调研的优点有（　　）。

A．节省费用　　B．缩短调研时间　　C．超越时空限制

D．时效性强、可靠性稳定

E．收集信息方便、自由、迅速

7．随机抽样方法通常包括（　　）。

A．简单随机抽样　　B．分层随机抽样　　C．判断抽样

D．分群抽样　　E．典型随机抽样

8．针对科技含量高的新产品，其上市前的定价调查可以采用（　　）。

A．专家小组　　B．态度量表　　C．案头调查
D．电话调查　　E．头脑风暴调查

四、判断题

1．为使在不同国家或地区的市场调研可以互相比较，应在不同国家或地区采用统一标准化的调查方法。(　　)

2．个人访问特别适合在发达国家使用。(　　)

3．电话访问特别适合工业用品调研。(　　)

4．整群抽样能提高样本的代表性。(　　)

5．在国际市场营销调研中，系统抽样被广泛用于电话访问。(　　)

6．如果要研究某一种产品价格的改变对其销售量的影响，应该选用询问法。(　　)

7．常用的市场实验调查方法有：专柜试销、展销与看样订货、实验室实验。(　　)

8．电话调查是一种非常省力、省时的直接调查方法，但它的问题是沟通不畅。(　　)

应会操练

一、思维能力训练

【实训名称】

案例分析：宝洁公司和一次性尿布

【实训目的】

通过该训练任务，有助于学生：

1．熟悉市场调研的内容，懂得全面开展市场调研的重要性；

2．运用国际市场营销调研知识分析企业营销活动，有效地将知识转化为技能，提高学生分析问题、解决问题的能力。

【实训步骤及要求】

1．教师选择恰当案例，拟订需要讨论分析的问题；

2．确定案例训练组织形式：学习型项目团队讨论会（6~8人）；

3．教师主持课堂案例讨论，各团队选出一名代表以PPT等形式汇报各团队的分析过程和分析要点；

4．教师进行最后点评与总结；

5．各团队在讨论分析案例的基础上按以下要求撰写、提交“案例分析报告”，字数1 000字左右，文字表述要精练、观点明确。

案例分析报告
时　间：
分析者：
班　组：
问题分析：
➢ 问题一：
➢ 问题二：

【实训考核】（百分制）

评分维度	资料的处理与应用	内容的充实性	知识的应用性	分析的逻辑性	创新性	报告文本	团队的分工合作
百分比	10	12	15	15	20	12	16
得　分							

【案例介绍】

宝洁公司和一次性尿布

宝洁（P&G）公司以其寻求和明确表达顾客潜在需求的优良传统，被誉为在面向市场方面做得最好的美国公司之一。其婴儿尿布的开发就是一个例子。

该公司开发部主任维克·米尔斯在照看其出生不久的孙子时，深切感受到一篮篮脏尿布给家庭主妇带来的烦恼。这也给了他研发新产品的灵感。于是，米尔斯就让手下的人研究开发一次性尿布。

一次性尿布的想法并不新鲜。事实上，当时美国市场上已经有好几种牌子，但市场调研显示多年来这种尿布只占美国市场的1%。原因首先是价格太高；其次是父母们认为这种尿布不好用，只适合在旅行或不便于正常换尿布时使用。调研结果还表明，一次性尿布的市场潜力巨大，将婴儿数量乘以每日平均换尿布次数，可以得出一个大得惊人的潜在销量。

宝洁公司产品开发人员用了多年的时间，力图研制出一种既好用又对父母有吸引力的产品，并在实验室生产了几万个样品，才最终将产品拿到纽约州去做现场试验。有2/3的试用者认为该产品胜过布尿布。然而，接踵而来的问题是如何降低成本和提高新产品质量。为此要进行的工序革新比产品本身的开发难度更大。一位工程师说它是“公司遇到的最复杂的工作”。生产方法和设备必须从头做起。一年后，这个项目进入了产品试销阶段。在6个地方进行的试销进一步表明，时价定为6美分一片，就能使这类新产品畅销，使其销售量达到零售商的要求。宝洁公司的几位制造工程师找到了解决办法，进一步降低了成本，并把生产能力提高到使公司能以该价格在全国销售的水平。

一次性尿布终于被成功推出，直至今天仍然是宝洁公司的拳头产品之一。它表明，企业对市场真正需求的把握需要通过直接的市场调研来论证。通过潜在用户的反应来指导和改进新产品开发工作。企业各职能部门必须通力合作，不断进行产品试用和定价调整。最后，公司做成了一桩全赢的生意：一种减轻了新手父母育儿负担的产品，一个为宝洁公司带来收入和利润的重要新财源。

【问题讨论】

1. 宝洁公司开发一次性尿布的决策是在什么基础上进行的？

2. 宝洁公司的产品开发过程是如何把握现代市场营销的基本精神的？

二、综合能力训练

团队项目：结合背景企业（当地某一开展国际市场营销的企业）实际情况，为该企业某一目标市场国的市场营销调研进行策划。

【实训目的】

通过该训练的操作，使学生：

1. 加深对国际市场营销调研重要性的认识，培养学生对国际市场的分析能力与判断能力；

2. 掌握国际市场营销调研的方法与技能；

3. 能够为背景企业针对某一目标市场国的市场营销调研做出合适的国际市场营销调研策划，包括制订调研计划、设计调研问卷/访谈提纲、撰写调研报告等，提升学生的综合素质。

【实训要求】

以学习型项目团队为单位进行项目实训，明确内部分工。以各团队为单位与当地一家开展国际市场营销的企业进行联系，确定研究对象。

【实训操作步骤】

1. 集体讨论。

以学习型项目团队为单位进行讨论，研讨中心围绕国际市场营销的调研目标和调研计划展开，确定相关资料的来源等。

2. 收集、整理、分析资料。

● 通过实地走访、网络查询等途径收集、掌握背景企业近几年来开展国内外市场营销活动的情况；

● 通过网络调查、案头资料收集等多种途径，了解背景企业目标市场国的营销环境；

• 多种途径查阅国内外同行业相关市场信息资料及最新动态；

• 通过收集的资料，整理分析该背景企业国内外市场营销状况及其目标市场国的营销环境。

3. 国际市场营销调研整体方案策划。

• 在反复研讨的基础上，各团队形成背景企业国际市场营销调研的具体方案，方案要具有可操作性；

• 进一步评议、修订国际市场营销调研方案，形成最终的较合理的方案。

4. 策划方案提交。

各团队提交格式规范的《××企业××国目标市场营销调研策划方案》，包括：

• 国际市场营销调研计划；

• 国际市场营销调研问卷/访谈提纲；

• 国际市场营销调研报告等。

5. 实训成果汇报、评议、成绩综评。

• 各团队推选一名代表采用PPT形式进行实训成果汇报；

• 同学互评，教师进行适当点评并进行实训总结；

• 教师对各团队及各成员进行综合成绩评定。

【实训成果】

《××企业××国目标市场营销调研策划方案》。

【实训考核】（百分制）

评分维度	信息的处理与应用	知识的应用性	分析的逻辑性	创新性	实训文本	演讲者仪容仪态	答辩	团队分工合作
百分比	10	15	15	18	10	10	10	12
得　分								

项目三

国际市场营销环境分析

学习目标

※ 知识目标

· 掌握国际市场营销环境的构成

· 了解不同的国际市场营销环境因素对国际市场营销的重要影响

· 掌握国际营销环境的分析方法及其在国际营销实际中的应用

※ 能力目标

能够运用营销环境分析方法，对涉外企业的国际目标市场营销环境进行分析

※ 素养目标

通过本项目的学习，培养学习者良好的自主学习与合作学习能力，使学习者的营销环境分析能力、创新能力、书面表达与口头表达能力、团队协作能力等方面得以提升

【开篇案例】

把握RCEP机遇，构建新发展格局

2020年11月15日，区域全面经济伙伴关系协定（RCEP）第四次领导人会议通过视频方式举行，RCEP正式签署。这标志着当前世界上人口最多、成员结构最多元、最具发展潜力的自由贸易区正式启航。

RCEP由东盟发起，加上中国、日本、韩国、澳大利亚和新西兰共15个成员国，囊括了东亚地区主要国家。2019年，15国总人口达22.7亿，GDP（国内生产总值）规模达26万亿美元，出口总额达5.2万亿美元。RCEP自贸区的建成意味着全球约三分之一的经济体量将形成一体化大市场，无论对签署国还是对全球经济而言，都是重大利好。通过削减成员国关税与非关税壁垒，建立统一市场，RCEP将结束东亚长期处于"成熟的生产网络、紧密的区域内贸易"与"缺失整体性经济性合作制度安排"之间的不平衡状态。这不仅将为本区域带来巨大商机，增加就业机会，拉动经济增长，同时也将为各国人民提供更加丰富、优质、实惠的商品和服务，提升民众的获得感和幸福感。

协议生效后，将会为区域经济环境带来哪些变化呢?

区域内90%以上的货物贸易将最终实现零关税，主要有立刻降税到零和10年内降税到零。中国和日本首次达成双边关税减让安排，实现了历史性突破。

在海关程序和贸易便利化方面，RCEP简化了海关通关手续，在可能的情况下，对快运货物、易腐货物等争取实现货物抵达后6小时内放行。

原产地规则使用区域累积原则，即来自RCEP任何一方的价值成分都会被考虑在内。产业链每一个环节增值的部分都会被计算进去。例如，在中国可能只要20%的增值，就可以享受出口到域内任何一个国家的免税优惠。这意味着每个国家都可以最大程度发挥自己的比较优势，生产出更多更优质的产品，享受免税销售的"产品盘子"将会变得更大。

各方承诺对于区域内各国的投资者、公司内部流动人员、合同服务提供者、随行配偶及家属等各类商业人员，在符合条件的情况下，可获得一定的居留期限，享受签证便利，以方便开展各种贸易投资活动。

RCEP整合了东盟与中国、日本、韩国、澳大利亚、新西兰多个"10+1"自贸协定以及中、日、韩、澳、新5国之间已有的多组自贸伙伴关系，发挥了区域内经贸规则的"整合器"作用。RCEP将为本地区投资者创造一个更加稳定、开放、透明和便利的投资环境，让企业投资更安心。

中国首次在自贸协定项下以负面清单形式对投资领域进行承诺。15国均采用负面清单方式对制造业、农业、林业、渔业、采矿业5个非服务业领域投资作出较高水平开放承诺。

协定还纳入了高水平知识产权、电子商务等内容。"知识产权章"是RCEP协

定内容最多、篇幅最长的章节，将促进数字经济发展。

（资料来源：大洋网评．把握RCEP机遇，构建新发展格局．新浪财经；新华社．覆盖全球约三分之一人口，RCEP将怎样改变生活？整合后有修改。）

任务 1 国际市场营销环境认知

3.1.1 国际营销环境的内涵

国际市场营销活动是在非常复杂、变幻莫测、难以掌控的国际市场环境中进行的，这是国际市场营销与国内市场营销的最大差别。企业的国际市场营销活动是否成功，关键在于能否适应不断变化的国际市场营销环境。实践证明，许多国际知名企业之所以能够不断地发展壮大，在于及时、客观地分析了国际市场营销环境，寻找国际市场机会，规避国际市场环境威胁。国际市场营销环境的分析与研究是企业科学、有效地开展国际市场营销活动的前提与基础。

美国著名的市场学家菲利普·科特勒认为，市场营销环境指影响企业的市场营销活动的不可控制的参与者和影响力。国际市场营销环境是指影响企业国际市场营销活动的所有外部力量的总和。

3.1.2 国际市场营销环境系统

国际市场营销环境是一个由众多环境因素构成的系统，系统里各个因素之间相互依存、相互作用，又相互制约。国际市场营销环境可以分为微观环境和宏观环境。

1. 微观环境

微观环境是指直接影响和制约企业国际市场营销活动的外部微观因素的总和，包括顾客、供应商、营销中介、竞争者和公众。这些环境因素与企业之间形成了协作、竞争、服务、监督的关系，直接影响和制约着企业服务目标市场的能力。

2. 宏观环境

宏观环境是指间接影响与制约企业国际市场营销活动的社会约束力量，包括人口环境、经济环境、自然环境、技术环境、政治法律环境、社会文化环境等。

微观环境对企业营销活动的影响是直接的，而宏观营销环境对企业营销活动的影响和制约往往是间接的，它不仅影响企业所处的微观营销环境，还会为企业的生存与发展提供市场机会或者带来威胁，制约企业生产与经营的发展空间。

3. 国际市场营销环境系统的可控与不可控因素

企业开展国际市场营销活动面临的国际市场营销环境系统，包括可控因素与不可控因素。可控因素是生产经营者能够控制的有关营销环境因素。市场营销学统一将“市场营销组合”即“4Ps”（产品、价格、渠道、促销）称为可控因素。

与营销环境的可控因素相比，国际市场营销企业所面临的国内外营销环境的不确定因素、不能够控制的因素更多、更复杂，包括国内不可控因素和国外不可控因素。

3.1.3　国际市场营销环境分析方法

SWOT分析模型是常用的市场营销环境分析方法。

1. 解读SWOT分析模型

SWOT分析法也称态势分析法，是20世纪80年代初由美国著名管理学教授海因茨·韦里克提出的，其核心是通过对企业自身条件与外部环境进行综合分析，从而明确企业可以利用的市场机会与可能面临的威胁，并将这些机会与威胁同企业的优劣势相结合，形成企业不同的战略措施。SWOT分析法包括分析企业的优势（strength）、劣势（weakness）、机会（opportunity）和威胁（threat），如图3-1所示。

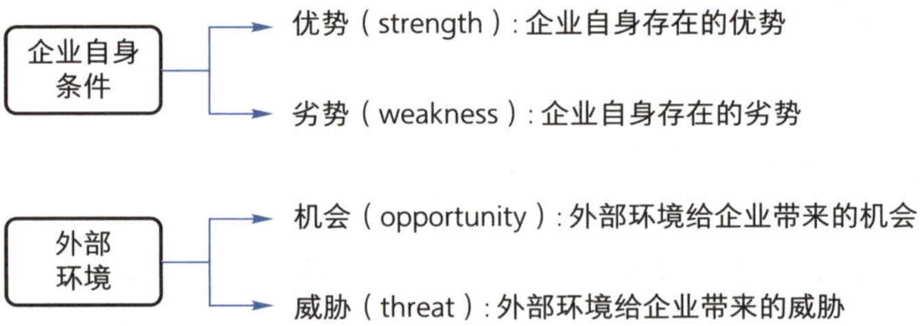

图3-1　SWOT分析法

【课堂活动3-1】

阅读以下文字，按相关要求开展讨论。

沃尔玛的SWOT分析

1. 优势

（1）沃尔玛是著名的零售业品牌，它以物美价廉、货物繁多和一站式购物而闻名。

（2）沃尔玛的一个核心竞争力是由先进的信息技术所支持的国际化物流系统。在该系统支持下，每一件商品在全国范围内的每一家卖场的运输、销售、储存等物流信息都可以清晰地看到。信息技术同时也强化了沃尔玛的采购过程。

（3）沃尔玛的一个焦点战略是人力资源的开发和管理。优秀的人才是沃尔玛在商业上成功的关键因素，为此沃尔玛投入大量的时间和金钱对优秀员工进行培训并提高其企业忠诚度。

2. 劣势

（1）沃尔玛建立了世界上最大的零售帝国。尽管它在信息技术上拥有优势，但其巨大的业务拓展网可能导致对某些领域的控制力不够强。

（2）因为沃尔玛的商品涵盖了服装、食品等多个类别，比起更加专注于某一领域的竞争对手，它可能在适应性上存在劣势。

3. 机会

（1）沃尔玛采取收购、合并或者战略联盟的方式与其他国际零售商合作，专注于欧洲和大中华区等特定市场。

（2）沃尔玛的卖场当前只开设在少数几个国家内，因此，拓展市场可以带来大量的机会。

（3）沃尔玛可以通过新的商场地点和商场形式来获得市场开发的机会。更接近消费者的商场和建立在购物中心内部的商店可以使过去仅仅是大型超市的经营方式变得多样化。

（4）沃尔玛的机会存在于对现有大型超市战略的坚持。

4. 威胁

（1）沃尔玛在零售业的领头羊地位使其成为所有竞争对手的赶超目标。

（2）沃尔玛的全球化战略使其可能在其有业务联系的国家遇到政治上的风险。

（3）沃尔玛的多种消费品的成本趋向下降，原因是制造成本的降低。造成制造成本降低的主要原因是生产外包倾向于世界上的低成本地区，这导致了价格竞争，并在一些领域内造成了通货紧缩。恶性价格竞争是一个威胁。

要求：根据沃尔玛的SWOT分析，请结合实际情况说明以上分析涉及该公司哪些内部环境因素与外部环境因素？

组织形式：以学习型项目团队为单位进行讨论并在班内交流，教师点评。

考核要点：SWOT分析；营销环境分析。

2. SWOT分析内容

（1）企业的优势与劣势分析。企业优劣势分析主要着眼于企业自身实力及其与竞争对手的比较。SWOT分析法的优劣势分析内容见表3-1。

表3-1　SWOT分析法的优劣势分析内容

状态	内容
优势	● 有利的金融环境 ● 良好的企业形象 ● 被广泛认可的市场地位 ● 良好的生产经营管理方法 ● 成本优势 ● 先进的技术设备 ● 优秀的产品质量 ● 完善的服务体系 ● 良好的团队合作 ● 有利的竞争态势 ● 与供应方、经销商长期稳定的合作关系等
劣势	● 企业形象不佳 ● 经营管理不善 ● 关键技术缺乏 ● 研究开发落后 ● 技术设备落后 ● 产品质量不高 ● 销售渠道不畅 ● 经营成本高 ● 市场竞争不利等

学习专栏3-1：
企业优势、
劣势分析表

对于企业而言，竞争对手的竞争优势就是企业自身的竞争劣势。每个企业都要定期检查自身的优势与劣势，企业或社会上的咨询机构可以通过企业优势、劣势分析表来进行检查。

（2）企业的环境机会与环境威胁的分析。对企业的环境机会与环境威胁的分析主要着眼于企业外部环境的变化及其对企业国际市场营销活动可能造成的影响上。环境机会是指随着环境的变化而客观形成的各种各样“未满足的需求”。环境机会对不同企业是不相同的，同一个环境机会对某些企业可能是有利的机会，而对另一些企业可能就造成了威胁。环境威胁是指对企业营销活动不利的各种因素的总和，这种威胁主要来自两方面：一方面是直接威胁企业营销活动的环境因素；另一方面是企业的生产经营目标、任务和自身资源同环境机会相矛盾。

（3）制定企业战略。企业运用SWOT分析模型对自身条件和外部环境进行分析后，形成应对环境的战略设想，并制定适合企业实际的SWOT战略（见表3-2），以谋求企业的进一步发展。

表3-2 SWOT战略

内部条件		外部环境	
		机会	威胁
企业自身条件	优势	SO战略： 依靠内部优势 利用环境机会	ST战略： 依靠内部优势 规避环境威胁
	劣势	WO战略： 克服内部劣势 利用环境机会	WT战略： 克服内部劣势 规避环境威胁

任务2 国际市场营销人口与自然环境分析

3.2.1 人口环境

人口环境包括不同国家和地区的人口规模、人口结构、地理分布等，是企业生产经营活动必要的人力资源条件和市场条件，对企业的市场营销活动具有整体性、长期性、决定性的影响，是企业进行营销决策重要的客观依据。

1. 人口规模与增长

人口规模与市场容量有着密切的联系，在收入水平和购买力大体相同的条件下，人口数量的多少直接决定了市场规模和市场发展的空间。世界人口正呈现出爆炸性的增长趋势，这意味着人类需求的增长和世界市场的扩大，也给国际化企业带来了无限商机。

人口的增长对企业开展营销活动产生两个方面的影响：一是新增人口不仅带来了社会基本生存需求，如衣、食、住、行等物质方面需求的扩大，还会连带产生教育、娱乐等多方面的需求，从而为企业营销带来许多新的市场机会；二是人口增长速度将会限制经济的发展，限制人均国民收入的提高，导致某些市场吸引力下降。

2. 人口分布

人口的地理分布对企业开展国际市场营销活动产生很大的影响。

（1）不同的地理环境（如地理位置、气候等条件）对企业的国际市场营销活动会有较为明显的影响，表现为消费需求和购买行为上的差异。如在气候暖热地带，消费者对保暖服装和供暖设备的需求减少，而对空调和制冷设备的需求增加；在干燥地区，市场上对加湿器的需求增加，而在湿热地区，人们会增加对除湿机或替代品的需求。

（2）人口地理分布的动态性对企业的国际市场营销活动也会产生较大影响。随着一些发展中国家农村人口城市化，城镇人口迅速增加，城镇人口密度增大，为企业增加商业网点、扩大城镇市场提供了良好的市场机会。同时，人口城市化带动了周边农村的发展，加强了城镇与乡村之间的社会联系，也增加了很多市场机会。

3. 人口结构

（1）年龄结构。目前，世界人口年龄结构呈现两大趋势。

一是人口老龄化成为一个全球性现象。人口的老龄化预示着老年保健品和滋补品、老年医疗卫生用品（如药物、眼镜、助听器等）、老年健身运动器材、老年服饰、老年娱乐用品和老年社会服务（敬老院、养老院等）等市场需求将逐步兴旺，从而为那些生产经营此类产品与服务的企业提供了更为广阔的营销空间。

二是世界范围内人口出生率降低，特别是发达国家和地区的儿童与少年人口在总人口中所占比例下降。这一变化必然会对相关企业的进一步发展产生不利影响，带来市场威胁，促使其调整营销战略。但另一方面，随着经济水平的发展，人们收入水平的提高，很多家庭普遍重视子女的素质提高与智力开发，出现追求高质量生活的趋势，对高档的儿童及少年商品及服务的需求日趋强烈，这又为企业进一步更新这一年龄层的商品及服务提供了良好的市场机会。

（2）家庭结构。很多产品的购买是以家庭为单位的，家庭的数量、规模、成员结构、婚姻状况、家庭决策方式等因素在很大程度上影响着以家庭为消费单位的各类商品，如家庭耐用消费品、生活日用品等。

近几十年以来，世界各国家庭总的变化趋势是家庭数量在增加，而每个家庭的平均人数在减少，小家庭越来越多。小家庭的大量涌现，为社会产品的数量、功能、规格及设计等带来一系列变化，导致对家庭用品的需求大大增加，并且在产品设计与包装制作方面，必须考虑如何适应小家庭的需要。

（3）教育结构。人们的受教育程度与文化层次不同，影响其对商品或服务的价值、功能、款式等的评价与选择，从而影响企业的营销活动。

3.2.2 自然环境

企业的生产经营活动必须以一定的物质资源为保证，而物质资源的供应又同自然环境有着密切的关系，同时，企业的生产经营活动又在一定程度上影响着生态平衡。当代自然环境最主要的动向是：自然资源日益短缺，能源成本趋于提高，环境污染日益严重，政府对自然资源的管理和干预不断加强。所有这些，都会直接或间接地给企业带来威胁或机会。

1. 自然资源

从全球范围来看，世界各国自然资源呈日益短缺趋势。自然资源的短缺与匮乏，使许多企业面临原材料价格大涨、生产成本大幅上升、产品市场竞争力下降、企业效益下降的威胁；但又迫使企业研究更合理地利用资源的方法，开发新的资源和替代品，这些又为企业提供了新的资源和营销机会。面对自然资源的日趋匮乏，企业在研发新产品时，要认真贯彻党的二十大精神，树立社会责任意识和环保观念，加快发展方式的绿色转型，开发节能、低耗、环保的绿色产品，推动形成绿色低碳的生产方式，这对开拓国际市场大有裨益。

营销伦理3-1：
立顿问题
铁观音

2. 生态环境

环境问题日益成为世界各国政府与公众广泛关注的一大世界性问题，人们越来越关注生存的环境质量，关注绿色产品或服务。世界上一些发达国家通过多种形式与途径，制定了严格的、强制性的环保技术标准，绿色环保技术频频将发展中国家的产品挡在国际市场之外。这些变化无疑对企业国际市场营销提出了新的挑战，带来了新的威胁。但同时也给那些可以控制污染的设备与产品以及节能、低耗、环保的新产品、新材料、新能源创造了很好的市场机会，催生了众多绿色产品、绿色技术、绿色包装和绿色市场。对企业而言，要全方位、全地域、全过程加强生态环境保护，贯彻党的二十大精神，贯彻执行资源使用的限制规定，在生产经营活动中树立绿色营销观念，把握国际市场动向，应对绿色壁垒，不断开发符合环保要求的绿色新产品。

3. 政府干预

自然资源日益短缺和生态环境污染严重的问题，使各国政府加强了环境保护，颁布了一系列有关环保的政策法规，制定和实施了关于环境监管的系列标准，开展国际合作，进行对环境污染形成和影响的研究。我国已将保护环境、促进高质量发展列为一项长期的基本国策，并相应地采取了诸如立法、经济、行政干预和舆论监督等措施与手段，已颁布了《中华人民共和国水污染防治法》《中华人民共和国环境保护法》等法律法规。随着我国经济提质升级，我国必将从资源高消耗的粗放型经济增长模式转变为资源开发与节约并举的集约型经济增长模式。这些政府干预势必会对一些企业的国际营销活动产生制约和影响。但企业必须在营销过程中自觉遵守环保法令，担负起环境保护的社会责任。同时，企业也要制定有效的营销策略，既要消化环境保护所支付的必要成本，还要在营销活动中挖掘潜力，保证营销目标的实现。

任务 3
国际市场营销政治与法律环境分析

3.3.1 政治环境

开展国际市场营销活动的企业面临着复杂多变的国内、国际政治环境，不同国家的政府类型、政党制度、政治稳定性、政治风险、民族主义等因素都深刻地影响企业的国际市场营销活动。

1. 政府类型

随着国际竞争的加剧，各国政府对经济的介入越来越多，政府干预经济的方式与程度与该国的经济体制及政府类型和构成相关，从而对外商的生产与营销活动产生影响。

2. 政党制度

通常一国政党在该国经济发展中扮演着重要的角色，甚至决定政府对内、对外经济贸易的态度。如英国的工党通过限制进口来处理国际收支平衡问题，而保守党则主张自由化贸易政策。国际市场营销企业要特别注意研究目标市场国具有代表性政党的基本主张及其对企业国际市场营销活动的影响。

3. 政治稳定性

一国政治的稳定性事关政府政策的连续性和可持续性，政治的动荡必然会影响经济环境。“国家稳，则企业稳；国家乱，则企业乱。”判断一国政治稳定性的因素主要有政权更迭、政治事件、文化分裂、宗教冲突等。国际市场营销企业一定要通过多种渠道对目标市场国的政治稳定性进行综合分析与考察，以规避环境威胁。

4. 政治风险

相关链接 3-1：
中美贸易纠纷

政治风险是指由于东道国或投资所在国国内政治环境或东道国与其他国家之间政治关系发生改变而给外国企业或投资者带来经济损失的可能性。一般包括总体政局风险、所有权控制风险、经营风险和转移风险四类，主要体现在没收与征用、本国化和贸易壁垒。

5. 民族主义

相关链接 3-2：
民族主义与
经济民族主义

世界上不同的国家和民族都不同程度地存在民族主义情绪，保护民族经济，维护民族工业的发展是民族主义情绪的重要表现之一。不少国家政府为了保护与发展民族产业，防止国外产业、产品对本国市场的冲击与影响，制定了一系列歧视性或限制性的贸易保护主义政策。与一国政党和政府的更替所引起的政治环境的不稳定相比，强烈的民族主义对跨国经营企业的国际经营的影响则更为持久。

【课堂活动3-2】

当今世界民族主义的主要表现形式及其对企业开展国际市场营销活动的影响。

要求：查找资料，结合政治环境进行简要分析。

组织形式：（1）以学习型项目团队为单位进行讨论。

（2）以团队为单位进行全班交流，教师点评。

考核要点：政治环境对企业国际市场营销的影响。

3.3.2 法律环境

法律环境是指国家或地方政府所颁布的各项法规、法令和条例等，它是企业营销活动的准则。从事国际市场营销活动的企业，不仅要遵守本国的法律制度，还要了解和遵守国外的法律制度和有关的国际法规、惯例和准则。只有熟知有关的法律条文，掌握了相关的贸易政策，才能依法进行国际市场营销活动，受到相关法律法规的有效保护，制定有效的营销对策，在国际市场营销中争取主动。

国际市场营销的法律环境主要由国内法律、国际法律和东道国法律构成。

1. 国内法律

跨国经营企业的生产经营活动首先要遵守本国相关的法律法规。与国际市场营销密切相关的国内法律主要有：产品质量法、标准法、商标法、包装法、反不正当竞争法、广告法、工业产权保护法、环境保护法等。

2. 国际法律

国际法律是调整交往中国家间相互关系并规定其权利和义务的原则和制度。国际法与国内法截然不同，国内法是一个国家内部的法律，它调整在其管辖范围内的个人及其他法律实体的行为。国际法的主体，即权利和义务的承担者一般是国家而不是个人。其主要依据是国际条约、国际惯例、国际组织的决议以及有关国际问题的判例等，适用于两国间的双边关系和多国间的多边关系。国际市场营销必须符合当事人所在国缔结或参加的有关国际经济贸易方面的条约所作的规定，以及普遍性国际组织所作的有关国际经济问题的决议。

3. 东道国法律

影响跨国经营企业国际市场营销活动最经常、最直接的因素是目标市场国即东道国的有关国外企业在该国经营活动的法律规范。跨国经营企业必须研究和掌握东道国的法律环境，研究该国所属的法律体系。目前，世界各国现行的法律制度可归结为两大体系，即大陆法系和英美法系。

不同的法律体系对同一事件的判别不同，因此，跨国经营企业在进行国际市场营销活动时，必须对东道国的法律环境进行分析研究。

【课堂活动3-3】

结合实际，谈谈《中华人民共和国电子商务法》的出台与实施对电子商务行业的影响。

要求：基于SWOT分析法的机会（opportunity）与威胁（threat）两个方面进行分析，并举实例。

组织形式：（1）以学习型项目团队为单位进行讨论，并制作PPT。

（2）以团队为单位进行全班交流，教师点评。

考核要点：SWOT分析法的实际应用；法律环境对企业市场营销活动的影响。

任务4
国际市场营销经济环境分析

经济环境是指企业从事国际市场营销活动所面临的国际经济状况及其发展趋势，是企业开展国际市场营销活动的基础。市场由购买者、购买力和购买欲望三要素组成，而市场三要素实质上又都直接受经济环境变化的影响。因此，经济环境对企业国际市场营销活动有更为直接的影响力。

3.4.1 经济发展水平

学习专栏3-2：经济成长阶段论

一个国家或地区的经济发展具有明显的阶段性，在不同的经济发展阶段，居民收入会有差异，市场需求也不一样，从而会在一定程度上影响与制约企业的国际市场营销活动。

3.4.2 经济总量

1. 国民生产总值

国民生产总值也称作国民总收入（Gross National Product，简称GNP），是指一个国家的国民在国内、国外所生产的最终产品和劳务的价值总和。国内生产总值也称作国内总收入（Gross Domestic Product，简称GDP），是指在一定时期内一个国家的国土范围内，本国和外国居民所生产出的供最终使用的全部产品和劳务的价值总和。一般而言，一个国家的GNP与GDP两者数额相差不大，但如果一个国家在国外有大量投资和大批劳务输出人员，则该国的GNP往往会大于GDP。二者之间的关系如以下公式所示：

国民生产总值=国内生产总值+国外净要素收入

国民总收入是衡量一个国家或地区经济发展规模和增长速度的重要指标。就宏观而言，国民生产总值越高，则预示该国的市场规模越大；反之则越小。并且国民生产总值的增长会带动人均收入的增长，导致消费结构发生变化，从而引起需求结构发生变化。国民总收入与人均收入、需求结构的关系如图3-2所示。

相关链接3-3：国内生产总值

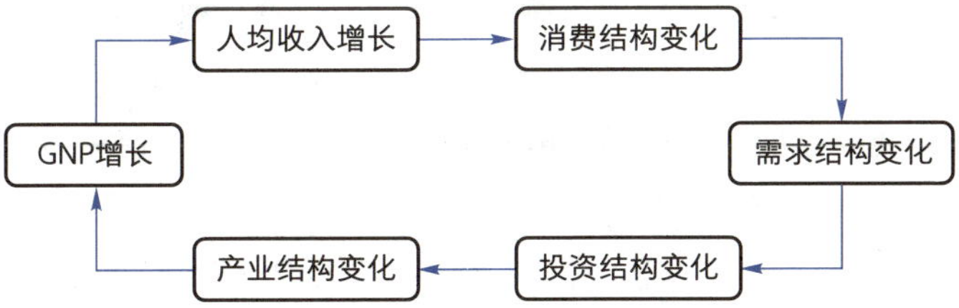

图3-2　国民总收入与人均收入、需求结构的关系

2. 人均国民收入

人均国民收入（national income per capita）是一国在一定时期内（通常为一年）按人口平均的国民收入占有量，反映国民收入总量与人口数量的对比关系。人均国民收入是综合反映一国经济发展水平、经济实力、人民生活水平的重要标志，也是衡量一国经济实力和人民富裕程度的重要指标，在一定程度上影响市场需求结构。一般而言，如果人均国民收入高，增长快，则市场购买力就强，市场需求就大；反之则小。因此，国民总收入和人均国民收入两个指标可以综合测定市场潜力。

3. 收入差异

学习专栏3-3：基尼系数

收入差异会引起消费的区域性梯度与市场需求差别。两个人口数量相同、国内人均收入相同的国家，如果其中一个国家收入较为均衡，而另一个国家收入差异很大，则收入差异大的国家由于大部分财富聚集在少部分人手里，高档消费品的市场规模会小于人均收入均衡的国家。国际上通常用基尼系数来衡量一个国家或地区的财富分配状况。

3.4.3　消费者收入水平

消费者收入水平不仅影响市场结构与消费行为，也是影响一个国家或地区市场规模与市场潜力的重要因素，还是国际营销企业重点关注的经济环境因素。

1. 消费者个人收入

消费者个人收入是指消费者个人从各种来源所得到的全部收入，通常包括个人的工资、奖金福利、红利、租金、馈赠等。消费者个人收入又分为：

（1）个人可支配收入。个人可支配收入是指个人收入中扣除各种税款（所得税等）和非税性负担（如工会费、养老保险、医疗保险等）后的余额。它是消费者个人可以用于消费支出或储蓄的部分，形成实际的购买力。

（2）个人可任意支配收入。个人可任意支配收入是指个人可支配收入中减去用于维持个人与家庭生存所必需的费用（如水电、食物、燃料、衣着、住房等项开支）和其他固定支出（如学费等）后剩余的部分，这部分收入是消费者可任意支配的，因而是消费需求变化中最活跃的因素，也是企业开展营销活动所要考虑的主要对象。个人可任意支配收入一般用于购买高档耐用消费品、旅游、储蓄等，是影响非生活必需品和劳务销售的主要因素。

（3）家庭总收入。许多产品的消费是以家庭为基本消费单位的，如冰箱、电视、空调等。因此，家庭收入的高低会影响很多产品的市场需求。一般而言，家庭总收入高，则购买力强；反之，购买力则弱。

2. 消费结构

消费者收入的变化会引起消费者支出模式和消费结构的相应变化。用于考察消费收入与消费支出之间关系最常用的是恩格尔定律（Engel's Law）。德国统计学家恩斯特·恩格尔（Ernst Engel）将消费构成划分为饮食开支、衣着开支、住房及修建开支、各种生活用品与服务性开支、娱乐性开支共五个方面。

恩格尔定律指出：

（1）随着家庭收入的增加，用于购买食品支出占家庭收入的比重会下降。

（2）随着收入的增加，家庭用于住宅修建、家庭用具等方面的开支将维持大体不变的比例。

（3）随着收入的增加，家庭用于服装、交通与娱乐方面的开支所占比例会上升。

联合国以恩格尔系数作为划分、衡量一个国家或地区的贫困与富裕的标准：

恩格尔系数＞59%的为绝对贫困；

50%＜恩格尔系数≤59%的为勉强度日；

40%＜恩格尔系数≤50%为小康水平；

30%＜恩格尔系数≤40%为富裕；

恩格尔系数≤30%为最富裕。

任务 5
国际市场营销社会文化环境分析

3.5.1 社会文化环境的内涵

社会文化是人类社会在其长期发展历史过程中形成的，主要由特定的价值观念、行为方式、伦理道德规范、审美观念、宗教信仰、风俗习惯等内容构成。社会文化深刻地影响着人们的生活方式与行为模式；人们的消费观念、需求特征、消费动机、消费行为等也深深地印有不同社会文化的烙印。

社会文化差异影响企业选择国际目标市场，影响企业国际市场营销的效率与效益，并且在很大程度上制约着国际市场营销的管理。

3.5.2 社会文化环境分析

1. 语言文字

语言文字是社会文化的核心组成部分，是国际市场营销人员在营销业务活动中进行沟通的重要交流手段。只有通晓目标市场国语言文字的企业或国际市场营销人员，才能及时准确地获得第一手市场信息资料，从而了解其市场状况、需求特征、商业惯例、有关禁忌等，以利于制定合适的国际市场营销策略。

2. 风俗习惯

风俗习惯是人们长期形成的，且为一个社会的大多数人所共同遵守的行为规范，涉及社会生活的各个方面，如饮食起居习惯、节日习俗、人际交往风俗、商业习俗、婚丧习俗等。不同的国家、地区及民族，风俗习惯千差万别，甚至同一国家的不同地区、不同民族也有极不相同的习俗，从而对国际市场营销产生影响。

3. 审美观念

处于不同国家、不同地区、不同民族的人们往往有不同的审美标准。审美标准的差异将影响人们对产品或服务的评价与选择，如对商品实体的色彩、形状、标记、形态和式样等方面的欣赏或褒贬。

4. 宗教信仰

宗教信仰是文化中最敏感的要素之一。不同的宗教信仰在价值观念、生活态度、生活方式、消费行为、风俗习惯和禁忌等方面各有其特殊的传统，这将直接影响人们的消费习惯与消费需求。国际市场营销者绝不能低估宗教对营销的影响，因此，在宗教色彩较浓的国家或地区市场进行开拓时，必须先了解当地的宗教情况。

5. 价值观念与态度

价值观念是人们对客观事物的评价标准，态度是基于价值观念对某一事物的认识、评价、感情、行为意向等。不同文化环境，人们对时间、成就、财富、变革、风险等都有其不同的价值观与态度，从而影响人们的消费行为。价值观念与态度是影响消费者购买行为的重要因素，二者密切关联，不同的价值观可导致不同的态度，而一旦形成对某种产品或服务的价值观与态度是很难改变的，具有相对的稳定性。

6. 社会阶层

社会阶层是指具有相同或相似经济地位、社会身份、价值观念和生活方式的社会群体总称。处于不同社会阶层的消费者，其经济状况、价值观念、生活方式、兴趣爱好和消费特征都有所不同，对不同企业及其产品有着不同的偏好，因而表现为不同的消费需求与购买行为。

活动设计

应 知 训 练

一、名词解释

国际营销环境　国民总收入　营销环境机会　营销环境威胁

二、单项选择题

1. 下列因素中不属于经济环境的是（　　）。

A. 消费收入水平　　B. 社会商业发展

C. 家庭经济结构　　D. 消费结构

2. 不属于国际市场营销政治环境因素的是（　　）。

A. 政府类型　　B. 政党制度

C. 国际法律　　D. 民族主义

3. 影响消费者购买力和消费者支出的决定因素是（　　）。

A. 消费者收入　　B. 可支配收入

C. 货币收入　　D. 实际收入

4. 根据恩格尔定律，随着家庭收入的增加，用于食物支出的比例（　　）。

A. 会下降　　B. 会上升

C. 大致会上升　　D. 保持不变

5. 基尼系数的值越接近1，表示该国或地区的收入分配平均程度（　　）。

A. 越低　　B. 越高

C. 相等　　D. 一样

三、多项选择题

1. 下列属于一国贸易政策的有（　　）。

A. 数量配额　　B. 外汇管制

C. 关税壁垒　　D. 非关税壁垒

E. 知识产权保护法

2. 国际市场营销人员在对目标市场国的人口环境进行分析时，主要关注其（　　）。

A. 人口数量　　B. 人口分布

C. 人口年龄结构　　D. 人口增长速度

E. 人口生理特征

3. 一国经济总量包括（　　）。

A. 国内生产总值　　B. 海外投资

C. 国民收入　　D. 外商直接投资

E. 国外政府捐赠

4. 国内外政治环境对国际市场营销活动影响主要体现在（　　）。

A. 政府类型　　B. 政党制度

C. 政治风险　　D. 民族主义

E. 宗教信仰

5. 国际市场营销的法律环境主要由（　　）构成。

A. 国内法律　　B. 第三国法律

C. 国际法律　　D. 东道国法律

E. 区域组织规章制度

四、判断题

1. 市场营销宏观环境是企业无法控制的，但是企业可以通过研究环境更好地适应环境。（　　）

2. 政治环境对于经济发展的积极作用是可以为经济发展提供条件；从消极作用方面看，对经济的破坏作用是无穷的。（　　）

3. 人口决定市场的存在与否，人口的数量决定市场的容量，人口的结构决定市场产品供应的结构。（　　）

4. 企业要在生产经营中获得比较优势，就必须从供应环节取得资源优势。（　　）

5. 公众是企业不可控制的因素，但企业可以通过营销行为去影响公众，使其向有利于企业的方向发展。（　　）

应 会 操 练

一、思维能力训练

【实训名称】

案例分析：大疆的国际化历程

【实训目的】

通过该训练任务，有助于学生：

1. 掌握国际市场营销环境构成及其对国际市场营销活动的影响，认识到国际市场营销环境分析的重要性；

2. 运用合适的营销环境分析方法分析国际市场营销环境，有效地将知识转化为技能，提高学生分析问题、解决问题的能力。

【实训步骤及要求】

1. 教师选择恰当案例，拟订需要讨论分析的问题；

2. 确定案例训练组织形式：学习型项目团队讨论会（6~8人）；

3. 教师主持课堂案例讨论，各团队选出一名代表以PPT等形式汇报各团队的分析过程和分析要点；

4. 教师进行最后点评与总结；

5. 各团队在讨论分析案例的基础上按以下要求撰写、提交“案例分析报告”，字数1 000字左右，文字表述要精练、观点明确。

案例分析报告
时　间：
分析者：
班　组：
问题分析：
➤ 问题一：
➤ 问题二：

【实训考核】（百分制）

评分维度	资料的处理与应用	内容的充实性	知识的应用性	分析的逻辑性	创新性	报告文本	团队的分工合作
百分比	10	12	15	15	20	12	16
得　分							

【案例介绍】

大疆的国际化历程

大疆创新科技有限公司（下文简称大疆）是中国首家无人机企业，业务范围涵盖民用无人机的研发、制造、销售及配套的服务支持，是全球顶尖的无人机和影像系统自主研发制造商，在消费级无人机全球市场中更是连续三年占到70%以上的份额，被业界誉为“无人机中的苹果公司”。到2018年，大疆的客户已遍布全球100多个国家，海外业务不断扩大，在全球大部分国家和地区设有分公司，包括美国、韩国、日本、德国等。

大疆的企业发展模式是“天生”国际化的。从大疆的国际经营轨迹来看，它虽然成立于中国，却在一开始就先开拓海外市场，其海外销售额超过其总收入的80%。目前，大疆还是一个处于成长期的公司，但它已迅速完成了国际化的历程，这个过程主要分为三个阶段。

1. 初创阶段（2006年至2010年）

创始人汪滔与其同学一同研究“无人飞行影像系统”，初有所成后在深圳开始创办公司，磨合出了一支对无人机事业保持忠诚热情的核心团队，为企业的崛起奠定了基础。在这一时期，民用无人机市场是一片完全待开发的蓝海，还没有企业进行大规模的制造和销售，这无疑是大疆得以高速发展的重要机遇。在这个时期大疆专注攻克无人机云台稳定等技术难点，并不断进行产品的改进，使其产品和技术受到行业认可。在这一时期，大疆虽然还未建立海外分公司，但是依托深圳制造中心的成本优势，以及在中国香港注册而获得的各类税收优惠和国际贸易便利，在海外市场已形成口碑，为进一步打开海外市场打下了基础。

2. 海外拓展阶段（2011年至2014年）

由于当时无人机在中国还是一个陌生的产品，因此大疆决定先开拓海外市场（以对无人机已有一定接受度的北美市场为主）。在这一时期，大疆通过授权代理，在海外设立分公司，积累了大量国际人才并开拓了国际合作渠道。2014年，大疆的四轴无人机已占领国际市场70%的份额，其中海外收入占到了总收入的82%。但在这一阶段，越来越多的企业也开始加入无人机市场的竞争。

3. 高速发展阶段（2014年至今）

2014年以后，大疆在无人机行业的市场地位基本稳固。此时的大疆已受到资本市场的认可，大量的注资支持加速了大疆的研发进程，在全球的营销推广随着渠道网的扩大已经成熟，国际市场的运营进入平稳阶段。大疆推出新产品的频率数倍于上一阶段，向市场证明了大疆强劲的创新能力。

总结大疆的国际市场营销成功经验，主要有：

（1）清晰市场定位，精准把握用户需求。在民用无人机市场划分还未清晰时，大疆就看准消费级无人机的潜力，以市场定位为导向进行技术布局，针对消费级无人机面对的摄影爱好者群体，有针对性地提升图像处理水平和防抖云台技术水平，显著地提升了无人机拍摄效果。并成功运用摄影的宣传展示特性搭配恰当的国际市场营销策略，通过社交媒体传播优质的无人机摄影作品，让作品的影响力带动无人机产品，从而快速扩大市场。

（2）选择恰当的国际化战略。大疆在成立不久就率先进入北美市场直接开始国际化经营，待行业地位稳固后再转向已经扩大的国内市场。

（3）提升行业服务支持水平，建立平台化服务体系。2014年年底“大疆社区”上线，搭建了一个航拍爱好者和无人机应用开发者全球共享、互动、交流的平台。大疆联合阿里云推出“大疆天空”，应用云计算技术实现海内外社交数据对接，再利用其广阔的市场份额以及平台的社交互动功能获得平台黏性，不断深入挖掘无人机在使用过程中的潜力并相互推广，推动无人机的价值增值，有力地巩固了大疆的市场地位。

（4）加强国际企业合作，拓宽营销渠道。国际渠道也是大疆领先于其他国内无人机企业的重要优势。亚马逊、eBay等网络渠道为其创造了40%以上的销量，而在国际线下渠道方面大疆则另辟蹊径，采取了和Apple Store线下店合作的形式，能够使海外消费者更直观地体验产品的乐趣，也节约自营成本。更重要的是，大疆能够借用苹果公司科技巨头的形象，打造“无人机中的苹果”这样具象化的品牌形象，从而吸引重合的消费群体。

（5）将技术创新当成核心竞争力，注重专利保护。大疆的企业文化极其注重研发创新。无人机飞行控制、图像传输、增稳云台、航拍相机、智能悬停避障等关键技术均为自主研发。截至2020年年初，大疆的全球专利累计申请量达11 700件，发明专利的比例达到了35%以上。

（资料来源：杨秋文．大疆无人机国际营销案例研究．2019-06.）

【问题讨论】结合国际市场营销环境分析相关知识，讨论并总结大疆快速成长为民用无人机国际市场上的龙头企业的原因。

二、综合能力训练

团队项目：结合背景企业（当地某一开展国际市场营销的企业）实际情况，对该企业某一国际目标市场营销环境进行分析。

【实训目的】

通过该训练的操作，使学生：

1. 加深国际市场营销环境对国际市场营销活动影响与制约的重要性认识，培养学生对国际市场营销环境的分析能力与判断能力；

2. 掌握国际市场营销环境分析的方法与技能；

3. 能够为背景企业针对某一国际目标市场的市场营销环境进行适当的分析，包括选择国际市场营销环境分析方法、撰写国际市场营销环境分析报告，提升学生的综合素质。

【实训要求】

以学习型项目团队为单位进行项目实训，明确内部分工。以各团队为单位与当地一家开展国际市场营销的企业进行联系，确定研究对象。

【实训操作步骤】

1. 集体讨论。

以团队为单位进行讨论，研讨中心围绕国际市场营销环境分析方法的选择、具体企业国际市场营销环境分析内容、确定相关资料的来源渠道等。

2. 收集、整理、分析资料。

- 通过实地走访、网络等途径收集、掌握背景企业近几年来开展国内外市场营销活动的情况。
- 通过网络调查、案头资料收集等多种途径，了解背景企业在目标市场国的营销环境。
- 多种途径查阅国内外同行业相关市场信息资料及最新动态。
- 通过收集的资料，整理分析该背景企业国内外市场营销状况及其国际目标市场的营销环境。

3. 国际市场营销环境分析整体方案。

- 在反复研讨的基础上，各团队形成背景企业国际市场营销环境分析的具体方案，方案要具有可操作性。
- 进一步评议、修订国际市场营销环境分析方案，形成最终的较合理的方案。

4. 策划方案提交。

各团队提交格式规范的《××企业某一国际目标市场营销环境分析报告》，包括：

- 国际市场营销环境分析方法；
- 国际市场营销环境分析目的；
- 国际市场营销环境分析内容等。

5. 实训成果汇报、评议、成绩综评。

- 各团队推选一名代表采用PPT形式进行实训成果汇报；
- 同学互评，教师进行适当点评并进行实训总结；
- 教师对各团队及各成员进行综合成绩评定。

【实训成果】

《××企业某一国际目标市场营销环境分析报告》。

【实训考核】(百分制)

评分维度	信息的处理与应用	知识的应用性	分析的逻辑性	创新性	实训文本	演讲者仪容仪态	答辩	团队分工合作
百分比	10	15	15	18	10	10	10	12
得　分								

项目四

国际市场消费者分析与竞争者识别

学习目标

※ 知识目标

· 掌握国际市场消费者特征，了解消费者购买行为类型

· 掌握国际市场消费者购买决策过程及其影响因素

· 掌握国际市场竞争者的类型

※ 能力目标

· 能够分析国际市场消费者的购买行为

· 能有效识别国际市场竞争者，并能为背景企业选择、制定合适的国际市场竞争战略

※ 素养目标

通过本项目的学习，培养学习者良好的自主学习与合作学习能力，使学习者的消费者分析与竞争者识别能力、创新能力、书面表达与口头表达能力、团队协作能力等方面得以提升

【开篇案例】

更懂消费者的优衣库

优衣库（UNIQLO）是日本迅销公司旗下的服装零售品牌，创立于1984年。它凭借亲民的价格和种类繁多的款式成为日本的国民服装品牌之一，同时在海外迅速扩张。2018年，优衣库的海外营业收入首次超越其在日本本土的收入，中国是其海外市场创收的最大贡献者。

近年来，服装业的领头企业纷纷尝试零售模式改革，优衣库虽然是外来品牌，但其适应中国市场的能力不弱于国内品牌，已顺利完成了零售模式变革。“新零售”模式运用互联网新技术对传统零售进行改良和创新，但零售业以消费者为中心的本质并未改变，为消费者提供舒适快捷的购物体验一直是优衣库追求的目标。

1. 推出“线上下单，门店取货”

优衣库于2016年年底在中国推行“线上下单，门店取货”的购物新模式；2018年春节期间，开始支持异地取货。线上网店购物不受时间和空间的限制，线下门店便于试穿和感受产品质量。优衣库的这一措施融合了线上、线下购物的优势，在充分满足客户需求的同时，也争取到更多的客户资源。

2. 升级购物软件

优衣库开发了掌上旗舰店与4D在线虚拟试衣两款App。掌上旗舰店页面设计简约，可以减轻消费者长时间浏览引起的视觉疲劳，简单便捷的操作系统也让App的使用更加高效。4D在线虚拟试衣则利用增强现实技术进行4D虚拟互动，通过模特穿搭展示搭配效果，节约试衣间排队等候的时间，赢得广大青年消费者的喜爱。

3. 购物场所多样化

为适应“新零售”发展，优衣库不再局限于门店和网店，还开拓了手机软件、社交平台等新的购物方式，使客户的购物灵活、便捷，满足了客户多样化的购物需求。2018年优衣库在微信社交平台推出购物小程序，进一步拓宽线上销售领域，以此构成了“微信小程序 + App + 线下门店”三位一体的购物方式，实现客户端、移动端以及实体店的全方位融合。

4. 建立以消费者为中心的数据库

优衣库在全球近千家门店引入射频识别（RFID）电子商标，可以准确统计产品成交量和库存信息等商品数据，并根据商品数据生成统计报表，建立以消费者为中心的数据库，保证及时增加热销产品的供应量，降低滞销产品的产量，促进零售端与供应链之间有效沟通。

“这种能够为消费者在任何时间和地点提供高品质日常服装的能力，将会让我们变得更特别。”优衣库创始人柳井正的企业目标始终以消费者为中心，努力实现真正意义上的“顾客满意”：以超出顾客想象的形式，将顾客需要的东西提供给他们。优衣库一直都在改变，只不过它的改变与消费者的改变始终保持一致。

（资料来源：李雄飞，张静．优衣库“新零售”模式运营策略．服装学报，2020-01.）

任务1 国际市场消费者分析

4.1.1 消费者市场的特征

消费者市场，又称生活资料市场，是由为了满足生活消费而购买商品和服务的个人或家庭构成的市场。生活消费是产品和服务流通的终点，因此消费者市场也被称为最终产品市场。

1．分散性

消费者市场的购买者是个人或家庭，不仅购买者人数众多，而且地域分布广。从城市到乡村，从国内到国外，消费者市场无处不在。

2．差异性

消费者市场人多面广，因为年龄、性别、性格、职业、收入、教育、居住区域、民族、宗教等方面的不同，消费者市场的购买者在市场需求、消费习惯、消费结构、购买行为等方面存在很大的差异性。

3．易变性

随着生产力的快速发展与消费水平的不断提高，消费者的需求在总量、结构与层次上也不断地变化。消费需求呈现出由少到多、由粗到精、由低档到高档的发展趋势。

4．替代性

消费者市场产品种类众多，很多同类产品或功能相似的不同产品之间往往存在替代关系，消费者常常在替代品之间进行选择，导致消费者市场的竞争异常激烈。

5．非专业性

消费者市场产品种类繁多，大多数消费者不可能对所购买的每一种产品都非常熟悉。消费者对大多数产品的质量、性能、价格、使用、维护、保管乃至市场行情往往缺乏专业的甚至是必要的知识，只能根据个人感觉和喜好作出购买决策，大多数属于非专业性购买，很容易受个人情感、广告宣传、推销活动和他人意见的影响或诱导。

相关链接4-1：跨境电商消费者行为分析

6. 网络化

快速发展的互联网技术使得电子商务得以迅猛发展，这大大改变了消费者的购买行为，将消费者带入了全新的网络交易时代，消费者的购买模式发生了巨大的变化：消费者开始习惯于通过网络来搜索想购买的商品，并且在网上进行出价、比价，最终完成交易；冲动性购买行为大幅增加；主动参与产品定制等现象也屡见不鲜。因此，企业应顺应时代的需要，通过电子商务手段做好网络交易。

4.1.2 消费者市场的购买对象

1. 按消费者的购买习惯划分

（1）便利品。便利品是指购买者购买次数频繁、希望购买方便、只需要花最小精力与最少时间去比较品牌、价格的消费品，如调料、日化用品等。

消费者对这类消费品一般比较熟悉，具有一定的商品知识，在购买时不愿意花很多时间来比较价格和质量，多数情况下会选择就近购买，而且愿意接受其他替代品。对此，经营便利品的商家应注意销售网点分布的广泛性与合理性，以满足消费者及时、方便购买的需要。

（2）选购品。选购品是指消费者往往要花费较多的时间对购买对象的质量、价格、样式、适用性、厂商等要素进行比较之后才会作出购买决策的产品，如服装、家具、服务等。一般来说，选购品的价格较高，消费者对这类商品了解也不多，购买间隔较长，购买频率较低。经营选购品的商家应该将销售网点设在商业比较集中的地区，以便顾客进行比较和选择。

（3）特殊品。特殊品是指具有独特的品质、风格、造型、工艺等特性，或者消费者对其具有特殊偏好并愿意花费较多时间去选择、购买的商品。消费者在购买前对这些商品已经有了一定的认识，对某些特定的品牌和商标有特殊偏好，不愿接受替代品。经营特殊品的商家，应注意树立品牌意识，争创名牌产品，以赢得消费者的青睐和忠诚。

2. 按产品的耐用性和是否有形划分

（1）非耐用品。非耐用品是指使用次数较少、寿命较短、消费者购买频繁的产品，如洗涤用品、食盐、饮料等。经营非耐用品的商家，要尽可能地建立广泛的销售渠道，方便消费者购买。

（2）耐用品。耐用品是指能多次使用、寿命较长、消费者购买频率较低的产品，如电视机、小轿车、住房等。经营耐用品的商家，要求拥有较为雄厚的资金，保证产品具有更好的质量，提供更优质的销售服务。

（3）服务产品。服务产品是指非物质实体产品，是出售无形的活动或服务，如餐饮、保险、娱乐、教育、咨询等。服务产品的生产与消费不可分割，消费者比较注重服务产品的质量。

4.1.3 消费者购买行为模式

消费者购买行为是指消费者为获取、购买、使用、评估和处置预期能满足其需要的产品和服务所采取的各种行为。通过对消费者购买行为进行研究，可以掌握消费者购买行为的规律性，以便有针对性地开展市场营销活动。

分析消费者购买行为一般包括以下七个方面的问题。

（1）消费者市场由谁构成（Who）——购买者（Occupants）。

（2）消费者购买什么（What）——购买对象（Objects）。

（3）消费者为什么购买（Why）——购买目的（Objectives）。

（4）购买活动中有谁参与（Who）——购买组织（Organizations）。

（5）消费者在什么时间购买该产品（When）——购买时间（Occasions）。

（6）消费者在什么地方购买该产品（Where）——购买地点（Outlets）。

（7）消费者怎样购买（How）——购买方式（Operations）。

上述七个问题都包含以英文字母O开头的关键词，市场营销学家将这些决策归纳为研究消费者市场的“7Os”架构，也称为“6WlH”研究方法。

【课堂活动4-1】

以自己的某一次购物为例，谈谈你的购买行为过程及感受。

要求：运用消费者购买行为模式的6W1H进行分析。

组织形式：以学习型项目团队为单位进行讨论，各团队推荐一名代表在全班进行交流，教师点评。

考核要点：消费者购买行为模式。

4.1.4 消费者购买行为过程

1. 消费者购买行为过程的参与者

根据消费者购买行为过程中的参与者在其购买活动中所起的作用，可以分为以下几类。

（1）发起者，是首先想到或提议购买某种产品或服务的人。

（2）影响者，是指其看法或意见对最终决策具有直接或间接影响的人。

（3）决定者，即最后做出购买决策的人。他决定是否购买、买什么、买多少、何时买、何处买、如何购买等问题。

（4）购买者，是执行购买决策，采取实际购买行为的人。

（5）使用者，即消费或使用所购产品或服务的人。

2. 消费者购买行为过程

（1）认识需要。认识需要是消费者购买行为过程的起点。当消费者认识到某种尚未满足的需要的存在，即消费者的期望状况与其实际状况的偏差时，便产生购买动机。这种消费者认知需要的刺激是由人体内在的生理活动（如饥渴、冷热等）或外界的诱导（如流行时尚、相关群体等的影响）引起的。

（2）收集信息，主要包括：① 个人来源，是指消费者从家庭成员、亲友、邻居、同事和其他熟人那里获得信息。② 商务来源，是指消费者从广告、推销人员、中间商、商品包装、产品说明书和商品陈列中获得信息。③ 公共来源，是指消费者从大众媒体如网络、电视、广播、报刊等宣传报道和消费者组织等方面所获得信息。④ 经验来源，是指消费者从亲身接触、使用、实验商品的过程中获得信息。

以上四种信息来源对消费者购买行为的影响程度不同。一般而言，消费者获得信息最多的来源渠道是商务来源与公共来源；而消费者认为可信度最高的则是个人来源和经验来源。

（3）评价选择。消费者对收集的产品信息进行分析、整理，对可供选择的产品进行对比和评估，最后确定选择。消费者对收集的各种产品信息的评价选择主要从分析产品属性、建立属性等级、确定品牌信念、形成理想产品、做出最后评价等方面进行。

（4）购买决策。消费者对收集的信息进行综合评价，并根据一定的选购模式进行判定后，就会形成明确的购买意向。但购买意向不一定会导致购买行为，相关群体的态度、意外情况（如失业、收入减少、家庭变故、商品涨价等）等因素都将会使消费者更改或放弃原有的购买意图。

（5）购后反应与行为。预期满意理论认为消费者对产品和服务的满意程度取决于预期希望得到的实现程度。如果产品或服务的实际效用与购买的预期希望相一致，消费者就会感到满意；如果实际效用远远超过预期希望，消费者就会感到非常满意；相反，如果实际效用达不到预期希望，消费者就会感到不满意，而且预期希望与实际效用差距越大，消费者的不满意程度就越大。

学习专栏4-1：
搜索营销效果转化漏斗

一般而言，消费者的购买行为过程包括以上五个阶段。但在实际中，并不是每次购买行为都要经过所有阶段，一些简单日用品的购买行为可能会跳过某些阶段。

4.1.5 影响消费者购买行为的主要因素

1. 经济因素

经济因素包括商品价格、商品效用、机会成本、经济周期等因素。经济因素是决定消费者购买行为的首要因素，决定着消费者能否发生以及发生何种规模的购买行为，也决定着所购产品的种类和档次。

（1）商品价格。价格的高低是影响消费者购买行为最直接的因素。一般情况下，质量相同而价格不同的产品或服务，价格低的比价格高的对消费者的吸引力更高，收入低的消费者对商品价格比收入高的消费者更敏感。

（2）商品效用。商品效用是人们在消费产品或服务时所获得的满足程度。根据边际效用递减规律，在其他因素不变的前提下，消费者总是在其收入允许的范围内作出较为合理的购买决策，尽可能达到满足自己需要的最大限度效用。

（3）机会成本。机会成本是指一个人购买某种产品或从事某项工作时，所不得不放弃的购买另一种产品或从事另一项工作的价值。由于在特定时间内，消费者的购买能力总是有一定限度的，所以当其持有货币量一定时，往往会选择机会成本最小的购买对象。

2. 文化因素

（1）社会阶层。社会阶层是指具有相似的社会经济地位、价值观念和生活方式的人们所组成的群体。处于不同社会阶层的消费者其经济状况、价值观念、生活方式、兴趣和消费特征都有所差异，对不同企业及其产品有着不同的偏好，因而表现为不同的消费需求与购买行为。

相关链接 4-2：
社会阶层对消费行为的影响

（2）文化与亚文化。不同文化环境中的风俗习惯、伦理道德、价值观念和思维方式等因素对消费者购买行为具有巨大的影响。“推进文化自信自强”是党的二十大报告的重要内容。企业在开展国际营销活动时，必须在坚定文化自信的基础上了解国际目标市场，使企业的产品或服务符合文化价值观。

（3）相关群体。相关群体指能够直接或间接影响消费者态度、价值观和购买行为的集体。一个人的消费习惯、生活方式、对产品品牌的选择，都在不同程度上受到相关群体的影响，主要表现在示范性、仿效性和一致性等方面。

（4）家庭。家庭是社会的细胞，也是社会中最重要的消费品购买组织。家庭对消费者的购买行为有着显著的影响。同时，家庭往往存在着生命周期，一般可以把一个家庭划分为八个不同的阶段：单身期、新婚期、满巢Ⅰ期、满巢Ⅱ期、满巢Ⅲ期、空巢Ⅰ期、空巢Ⅱ期和鳏寡期。不同阶段的家庭，其消费支出重点会有所变化。

相关链接 4-3：
家庭对消费行为的影响

3. 个人因素

（1）职业。个人消费模式受职业的影响是极为明显的，同种职业的人往往有着相类似的需求，而不同职业的人的需求差异却很大。

（2）收入。消费者收入水平是决定消费者购买行为的根本性经济因素。不同的收入水平，也决定了不同的需求层次和消费倾向。

（3）个性、自我观念与生活方式。实践证明，消费者的个性类型与自我观念对产品或服务的选择有很大的影响。外向型的消费者表现欲大，喜欢参加社交活动，求“新”心理较强，往往是新产品的首批购买者；而内向型的消费者表现欲较小，社交活动较少，求“新”心理较弱，一般喜欢购买大众化的产品或服务。不同生活方式的消费者对商品的评价与选择也不尽相同。

4. 心理因素

（1）动机。人的行为受动机支配，而动机是由需要引起的，当一个人的某种需要上升到足够的强度时，就会转化为动机。所以，动机就是足以迫使人们去寻求满足的需要。可以将消费者的购买动机分为求实动机、求廉动机、求新动机、求美动机、求名动机等。

每个人在特定的时间里都有许多需要，但大部分需要不会形成动机，激发人们为满足需要而采取行动；只有当需要达到很强烈的程度时，才会转化为动机。

学习专栏4-2：马斯洛的需要层次理论

（2）感知。感知是指个人通过看、听、嗅、触等感觉功能来收集、选择、组织并解释外界信息的过程。感知过程主要包括以下方面。

① 选择性注意。在众多信息中，人们容易接受对自己有意义的信息以及与其他信息相比有明显差别的信息。心理学表明，以下三种情况更能引起人们的注意：一是与目前需求相关的信息或刺激物；二是预期将要出现或等待出现的信息或刺激物；三是变化大、异乎寻常的信息或刺激物。

② 选择性曲解。人们常常会按照个人的认识或意愿先入为主地解释客观事物或信息。由于存在选择性曲解，消费者愿意接收的信息不一定与信息的本来面貌相一致。

③ 选择性记忆。人们在感知过程中更容易记住与自己的态度和信念一致的信息，而更容易忘记与自己的态度和信念不一致的信息。

（3）学习。学习是指人们由于实践和经验而引起的行为改变。消费者在购买和消费商品或服务的实践中，会逐步获得和积累经验甚至是教训，进而根据这些经验或教训指导或调整今后的购买行为，这也是一个学习的过程。消费者的学习是通过驱使力、刺激物、诱因、反应和强化五个因素的相互影响、连续作用而形成的。学习模式如图4-1所示。

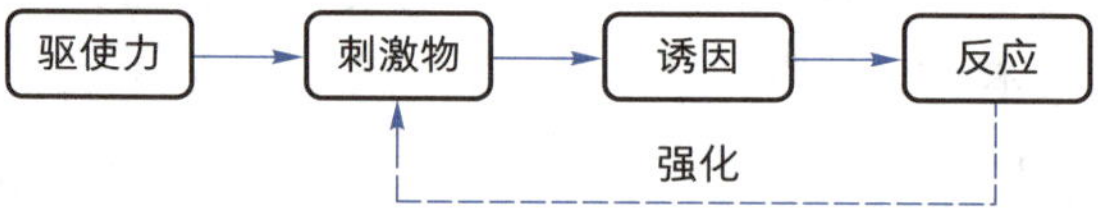

图4-1 学习模式

（4）信念和态度。信念是指一个人对某一事物的信任程度，消费者对商品或服务的信念可以建立在科学的、经验的或偏见的、误传的基础上。态度则是指一个人对某一事物的认识、评价、感情、行为意向等。信念和态度是影响消费者购买行为的重要因素，二者是密切关联的，不同的信念可导致不同的态度，而一旦形成对某种产品或服务的信念和态度，又是很难改变的，具有相对的稳定性。

任务 2 国际市场竞争者识别

识别竞争者常常被看作是一项简单的工作。其实不然，许多企业在识别竞争对手时并不十分准确、全面，往往只注意到最紧密、最接近的竞争者。事实上，企业的现实与潜在的竞争者范围非常广泛，企业要善于从行业与市场两个方面来有效识别国际市场竞争者。

4.2.1 行业竞争者识别

由于竞争者首先存在于本行业之中，企业应先从本行业内出发识别竞争者。提供同一类产品/服务或者可以相互替代产品的企业共同构成一个行业，如汽车行业、金融行业等。由于同行业企业之间的产品/服务的相似性与可替代性，在同一行业内部，如果某种产品的价格变化，就会引起相关产品需求量的变化。因此，企业需要全面了解国际市场上本行业的竞争状况，制定针对行业竞争者的战略与策略。

4.2.2 市场竞争者识别

企业还可以从市场的角度识别竞争者。凡是满足相同的市场需要或者服务于同一国际目标市场的企业，无论是否属于同一行业，都可能是企业现实或潜在的竞争者。从满足消费者需求的角度出发，基于市场去发现竞争者，可以从更广泛的角度来有效识别企业的现实竞争者和潜在竞争者，有利于企业在更广泛的领域中制定相应的竞争战略。

基于市场角度，企业可以按以下四个层次对国际市场竞争者进行界定。

第一层次，品牌竞争者。

在同一行业中，以相似的价格，向相同的顾客群提供类似的产品与服务的企业互为品牌竞争者。如通用汽车公司的别克轿车，将福特、丰田及其他中端汽车生产商视作企业的竞争对手，而不会把生产高端车的奔驰汽车公司和生产低端车的奇瑞汽车公司当作自己的竞争者。

第二层次，行业竞争者。

企业把那些提供与本企业相类似的或易于相互替代的产品/服务的企业，视为自己的行业竞争对手。在这一竞争层面上，通用汽车公司将把所有的汽车制造商（不论是生产高档还是低档汽车）看作是它的竞争对手。

第三层次，形式竞争者。

学习专栏4-3：
在跨境电商中分析竞争对手

在这一竞争层面上，企业会把那些能满足消费者某种相同的需要或欲望的产品形式的企业视作本企业的竞争者。如能帮助消费者解决“代步”问题的产品形式有很多，有汽车、卡车、摩托车、自行车等交通工具。因此，在形式竞争者这一层面，通用汽车公司的竞争对手就不仅仅是汽车制造商，还应包括卡车、摩托车、自行车等产品的制造商。

第四层次，愿望竞争者。

愿望竞争者是指提供不同的产品以满足不同需求的竞争者。如消费者有一万元消费预算，他所面临的选择就可能有计算机、电视机、摄像机、出国旅游等，这时计算机、电视机、摄像机以及出国旅游之间就存在着竞争关系，它们是愿望竞争者。

任务 3 国际市场竞争战略制定

企业在分析国际市场竞争对手的基础上，要根据自身的经营目标、资源和环境及企业在国际目标市场上的地位来规划、制定有效的竞争战略，以取得竞争优势。

4.3.1 基本竞争战略

基本竞争战略是由美国哈佛商学院著名的战略管理学家迈克尔·波特提出的，有成本领先战略、差异化战略、集中化战略三种类型。

1. 成本领先战略

成本领先战略是指企业努力降低产品的生产成本和分销成本，从而使企业的产品价格低于竞争者产品的价格，以迅速扩大销售量，提高市场占有率。成本领先战略要求企业有较强的经济实力、较大的市场份额，或者有廉价而可靠的多种生产要素来源。

企业实施成本领先战略的方式主要有简化产品、改进设计、降低材料成本、降低人工费用、实行生产革新和自动化生产、降低管理费用等。

2. 差异化战略

差异化战略是指企业大力发展别具一格的产品线或营销项目，以争取在产品或服务等方面比竞争者更有独到之处，从而取得差异优势，使顾客心甘情愿地接受产品的较高价格。差异化战略要求企业有较强的创新开发能力与管理能力，使产品因特色而“溢价”。

差异化战略的实施方式主要有产品差别化、技术差别化、分销网络差别化、服务差别化、人员差别化、形象差别化等。

3. 集中化战略

集中化战略是指企业集中力量为某一个或几个细分市场提供最有效的服务，更好地满足一定顾客的特殊需要，从而争取局部的竞争优势。集中化战略的核心是瞄准某个特定的用户群体、某种细分的产品线或某个细分市场，其实施方式主要有：产品线集中化战略、顾客集中化战略、地区集中化战略、低占有率集中化战略等。

4.3.2 市场竞争地位战略

1. 市场领先者战略

市场领先者是指其产品在行业同类产品市场上拥有最大市场份额的企业。一般而言，在绝大多数行业中都有一个公认的市场领先者。市场领先者的行为在行业市场中有举足轻重的作用，处于主导地位。作为市场竞争的一个导向点，其他企业可以选择向领先者挑战、模仿或避免与之竞争。市场领先者必须时刻保持警惕，防止其他企业发起挑战或利用其弱点夺取市场领先者的地位。为了保持市场统治地位，市场领先者应采取扩大市场需求总量、保护现有市场份额、提高市场占有率等战略。

2. 市场挑战者战略

市场挑战者是指在市场上仅次于市场领先者，凭借其规模与实力随时可以向市场领先者或其他企业发起攻击以夺取更大市场份额的企业。挑战者通常可以在领先者的领域里仔细寻找那些未被发现的消费需求和消费者的不满，也可以依靠产品创新向领先者进攻。

3. 市场追随者战略

市场追随者是指安于次要市场地位现状，维持现有市场份额，避免与其他企业尤其是市场领先者的正面持续竞争，而宁愿紧随其后或采取互不干涉战略以维持共处局面的企业。

4. 市场补缺者战略

市场补缺者是指精心服务于市场中的某一部分，通过专门化经营获取利润，占据有利市场地位的企业。补缺战略成功的关键是专业化，市场补缺者可以在市场、顾客、产品及营销组合等方面实行专业化经营。

选择市场空缺时，多重补缺比单一补缺更能减少风险。因此，企业通常会选择两个或两个以上的市场空缺实行专业化经营，以确保企业的生存与发展。

活动设计

应知训练

一、名词解释

消费者市场　营销学习模式　形式竞争者　差异化战略　市场领先者战略

二、不定项选择题

1. 把市场分成消费者市场和生产者市场的标准是（　　）。

A. 商品用途　　B. 地域

C. 流转环节　　D. 购买者及购买目的

2. 消费者购买决策在很大程度上受到文化、社会、个人和心理等因素的影响。其中，社会角色与地位属于（　　）。

A. 文化因素　　B. 社会因素

C. 个人因素　　D. 心理因素

3. 现在看来，下列说法中（　　）是正确的。

A. “意见领袖”分散于社会各级层

B. “意见领袖”即为当地社会上的领袖

C. “意见领袖”绝不可能因物而异

D. 市场营销人员不必找“意见领袖”

4. 对别克汽车公司来说，其竞争对手不仅仅是汽车制造商，还包括卡车、摩托车、自行车等产品的制造商，从这一层面上来说，这类竞争者属于（　　）。

A. 行业竞争者　　B. 一般竞争者

C. 形式竞争者　　D. 品牌竞争者

三、判断题

1. 消费者购买能力的大小，主要取决于其可支配收入的多少。（　　）

2. 为了避免恶性价格竞争可能带来的副作用，越来越多的企业寻求通过非价格竞争的手段进行市场竞争。（　　）

3. 消费者市场的购买行为比生产者市场的购买行为更容易受价格因素的影响。（　　）

4. 市场营销环境是企业无法控制的，但是企业可以通过研究环境更好地影响环境。（　　）

5. 市场补缺者策略取胜的关键在于专业化的生产和经营。（　　）

应会操练

一、思维能力训练

【实训名称】

案例分析：东南亚短视频之争鹿死谁手？

【实训目的】

通过该训练，有助于学生：

1. 联系实际，掌握市场竞争的特点与趋势，认识到分析市场竞争者的必要性与重要性；

2. 运用现代市场竞争的一般原理与竞争新思维分析相关行业/企业市场竞争，有效地将知识转化为技能，提高学生分析问题、解决问题的能力。

【实训步骤及要求】

1. 教师结合本项目所讲理论与案例，拟订需要讨论分析的问题；

2. 确定案例训练组织形式：学习型项目团队集体讨论会（6~8人）；

3. 教师主持课堂案例讨论，各项目团队选出一名代表阐明本团队的分析要点；

4. 教师进行最后点评与总结；

5. 各项目团队在讨论分析案例的基础上按以下要求撰写、提交“案例分析报告”，字数1 000字左右，文字表述要精练、观点明确。

案例分析报告
时　间： 项目团队： 问题分析： ➢ 问题一： ➢ 问题二： ➢ 问题三：

【实训考核】（百分制）

评分维度	资料的处理与应用	内容的充实性	知识的应用性	分析的逻辑性	创新性	报告文本	团队的分工合作
百分比	10	12	15	15	20	12	16
得　分							

【案例介绍】

东南亚短视频之争鹿死谁手?

据路透社2020年9月提供的数据，在人口总数超过6.3亿的东南亚地区，抖音TikTok的下载量高达3.6亿次，一半下载量来自30岁以下用户。

Facebook的Lasso失败后，通过基于Instagram增加的短视频功能Reels拓展到了美国和全球其他50多个国家和地区，东南亚地区成为重要发力点。

对于东南亚这一互联网经济正在爆发式增长的市场，没有哪家企业愿意错过机会，而进入21世纪第三个十年，在社交媒体几近饱和的情况下，短视频成为各家交锋的最前沿阵地。

研究调查机构WeAreSocial发布的2019年全球互联网使用最新调研报告显示，东南亚地区的数字经济覆盖人口达4亿，互联网普及率达到65%，社交媒体渗透率为63%，其数字经济市场规模几乎可以和中国、欧盟、北美相媲美。

作为一个整体来说，东南亚市场除了本身拥有庞大的市场潜力，另一个显著特征则是充满了竞争。一向追求全球化的美国硅谷科技公司自不必说，Facebook、亚马逊、微软、Netflix等都早已在东南亚市场扎根。与此同时，强势崛起的中国和印度互联网势力也将物理距离更近并且文化隔膜更少的东南亚市场视为寻求海外市场拓展的第一站。从流媒体到短视频，东南亚市场充斥着新老玩家，而这恰恰是这一市场的巨大潜力所驱动的。

根据Google和淡马锡的报告，2025年东南亚的线上媒体市场规模预计将达到195亿美元。而由于新冠疫情对线上娱乐产业的带动，短视频行业的需求进一步放大。

短视频平台除了满足社交展示需求之外，同时也在扩展内容“护城河”，升级成为影视浏览、直播互动、新闻获取的综合内容互动平台，这样的平台进一步转型为用户移动互联网入口。

2020年9月11日彭博社报道，字节跳动计划未来三年在新加坡投资数十亿美元并建立数据中心，用来运营TikTok和Lark。同时，在TikTok的官方招聘页面也能看到其明显加大了在东南亚招兵买马的速度。

除了不计成本地进行渠道广告投放以获得用户之外，TikTok在东南亚还做了一些新的营销尝试，比如与东南亚流媒体平台Iflix达成合作，开设了专门的“TikTok频道”。

与此同时，TikTok的老对手Facebook选择了依托本身就拥有海量用户的Instagram作为基本盘，为其增加了名为Reels的短视频功能，相当于在Instagram上完全复制了一个TikTok。在Instagram全新的界面中，Reels短视频取代了原先搜索的位置，在视觉及入口优先级上仅次于主页。

同时，Google开始测试短视频功能YouTube Shorts，用户可以通过这一功能上传并分享15秒的短视频。

显然，Google是想抓住时间窗口，一方面用新功能抢占市场份额，另一方面大规模进行功能测试与优化。毫无疑问，YouTube Shorts一旦进入东南亚，将会让竞争上升一个层级。

对于国内的互联网企业，在产品功能的竞争力上并不会处于下风，TikTok基于国内数据所训练出的算法便证明了这一点。但不能忽视的一个关键点则是，几乎所有国内出海企业，想要在海外市场取得立竿见影的效果，唯一的方法便是通过Google和Facebook的渠道进行海量的广告投放。

广告集团Dentsu Aegis Network（DAN）的首席数据官曾表示，在TikTok快速增长的时间，TikTok广告的支出与往年同期相比增长了约60%，其中Instagram便是TikTok重要的广告投放渠道。

因此，当原本的广告渠道商开始亲自下场与广告客户争夺市场时，这一竞争本身就具有极大的不对称性。同时只要看看扎克伯格在多个场合对TikTok的评论，就不难知道，在这场竞争中Facebook绝对不会有所保留。

最终东南亚市场的各方较量，或许会成为全球短视频竞争的风向标。

（资料来源：Facebook再战字节跳动，东南亚短视频之争鹿死谁手？新浪财经，2020-10. 有删改。）

二、综合能力训练

团队项目：党的二十大报告指出，要“发展数字贸易，加快建设贸易强国”。请结合本项目所学内容，选择一款国际市场消费品，通过网络分析和实地考查对该消费品的市场特征及其消费者购买行为进行调研，并提出相应的数字化营销策略建议。

【实训目的】

通过该实训的操作，使学生：

1. 加深学生对国际消费者市场分析重要性的认识，培养学生对国际消费者市场购买行为的分析能力与判断能力；

2. 能分析某一国际消费品的市场特点及其消费者购买行为，并提出建议性的营销策略，提升学生的综合素质。

【实训要求】

以学习型项目团队为单位进行项目实训，明确内部分工。以各项目团队为单位与当地一家经营国际消费品的企业进行联系，确定研究对象。组织学生进行某国际消费品市场分析报告的交流活动。

【实训操作步骤】

1. 收集、整理资料；
2. 各项目团队集体讨论、分析资料；
3. 撰写某国际消费品市场分析报告；
4. 实训成果汇报、评议，成绩综评。

【实训成果】

《×××国际消费品市场分析报告》。

【实训考核】（百分制）

评分维度	信息的处理与应用	知识的应用性	分析的逻辑性	创新性	实训文本	演讲者仪容仪态	答辩	团队分工合作
百分比	10	15	15	18	10	10	10	12
得　分								

模块三

国际市场营销战略规划

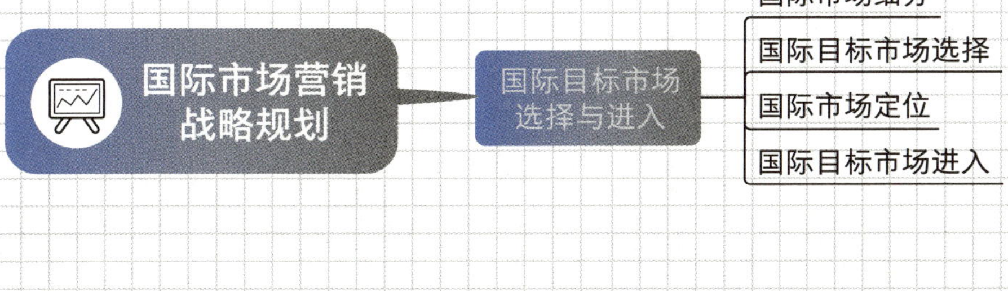

项目五

国际目标市场选择与进入

学习目标

※ 知识目标

· 掌握国际市场细分的标准与方法

· 了解国际目标市场选择的影响因素

· 掌握国际目标市场定位策略

· 了解企业进入国际目标市场模式的适用性

※ 能力目标

· 能为背景企业有效地细分国际市场

· 能为背景企业选择合适的国际目标市场和进入国际目标市场的模式

※ 素养目标

通过本项目的学习，培养学习者良好的自主学习与合作学习能力，使学习者的国际市场分析能力、创新能力、书面与口头表达能力、团队协作能力等方面得以提升

【开篇案例】

澳柯玛出海的差异化策略

澳柯玛股份有限公司（以下简称澳柯玛）创立于1987年，2000年在上海证券交易所上市，现有控股子公司29家。公司拥有“中国驰名商标”“中国名牌产品”“出口免验产品”等荣誉称号，已形成冰柜、冰箱、生活电器、商用冷链产品，冷链物流装备、自动售货机，新能源电动工具车等多层次、多梯度的产业格局。

2012年，澳柯玛在美国正式成立分公司，标志着澳柯玛集团在北美业务得到进一步的发展和推广。2016年，澳柯玛开始探索跨境电商模式，与国际知名B2C平台eBay达成合作共识，并以小家电作为跨境电商的切入口，开设了北美市场的eBay和亚马逊店铺，实施差异化策略。

1. 澳柯玛针对不同市场设定了差异化的价格定位和产品卖点

以美国市场为例，小家电的前10名和前20名在价格定位上是两个层次——同样的产品可能在前10名里是非常低的价位，但在前20名的价格就非常高。每一个价位都有对应的受众群体，但总体来说美国还是对价格较为敏感的一个市场，所以澳柯玛在美国市场是以价格优势为切入点。相比之下，澳大利亚市场对价格反而没有那么敏感，排名靠前的产品价格定位都非常高，同样的产品如果销售价格过低，消费者反而不会为此买单。

澳柯玛根据不同市场的消费者特性去设定产品定位——同款产品在某个市场上将其设为高端定位，展现其精致、多样的卖点，价格也随之提高；而在另一些市场，可能就会摒弃一些用处不是很大的卖点，保留产品最基本的功能，以较低的价格呈现。

2. 同款产品在国内外市场有不同“境遇”

澳柯玛在接触跨境电商之前，已经在天猫、京东、苏宁易购等国内电商平台开店销售并拥有专门的电商运营公司。原本想要让国内电商的运营团队来介入跨境电商的运营，但后来发现国内外消费者习惯完全不同，所以选品的角度也不一样；除此之外，出口的产品认证也和国内产品有很大的差异，所以如果内销企业转向做出口和跨境电商，还是很不容易的。

以澳柯玛某款果实烘干机为例，这款果实烘干机在国内销量不错，在一些国内电商网站上浏览量也很高，正是基于国内消费者的需求和用途，这款果实烘干机产品在国内的卖点主要是针对儿童的健康食品。但同样的产品拿到国外市场，就有了另外的用途——国外消费者用这款产品主要是给宠物烘干水果吃。小动物直接吃新鲜水果，可能会引起腹泻或其他不良反应；如果把果实烘干了，宠物既可以吸收维生素，又不会腹泻。根据国内外消费者的产品使用差异，澳柯玛也在不断地深入了解海外当地市场，并调整产品的卖点展示，如通过图片、文字来对消费者进行心理上的宣传、暗示。

3. 不同市场存在审美差异，根据消费者反馈调整运营策略

除了根据市场调研，针对不同的市场制定差异化的运营策略外，通过跨境电商平台，直接获取一线消费者的市场反馈，也是澳柯玛调整运营的重要信息来源。

比如，在欧洲市场某款产品只有一个配件，消费者评论反馈一个配件不够用，问是否可以多寄一个配件。基于这类反馈，澳柯玛会对产品进行优化，在生产时多一个配件。或是基于某些颜色、款式的产品的市场反馈，增加或减少它们在该市场的投放量。

澳柯玛最核心的市场竞争优势还是产品，未来会把产品做得更加精细化。同时，因为当前跨境电商平台上智能化的小家电产品并不多，更多的是一些基础型、实用型的产品，所以未来也希望多开发一些智能型产品，提升澳柯玛的品牌形象。

（资料来源：张毅．不同市场不同招数，澳柯玛跨境出海的差异化打法．雨果网，2018-05；柯凌云．澳柯玛在海外市场的营销策略和战略布局．商品与质量，2020-09，整合后有修改。）

任务 1 国际市场细分

5.1.1 市场细分与国际市场细分

1. 市场细分的含义

市场细分（market segmentation）是企业通过市场调研，依据消费者（用户）需求的差异性，选择一定的标准，将市场整体划分为两个或两个以上具有不同需求特性的“子市场”。市场细分是美国市场营销学家温德尔·史密斯提出的一种选择目标市场的策略思想。该理论一经问世，就受到了工商企业界的普遍重视，成为市场营销理论的重要组成部分。

2. 市场细分的基础

市场细分的基础包括消费需求的差异性、相似性以及企业资源的有限性。

（1）消费需求的差异性。消费者所处客观环境的不同，使其在消费需求与购买行为上存在一定程度的差异。这种消费需求的差异性，使得企业将需求大体相似的消费者划归为同一群体，从而以相应的营销组合策略来满足目标市场消费者的需求。

（2）消费需求的相似性。细分子市场之间存在消费者需求的差异性，而在细分

子市场内部，消费者又具有相似的购买行为和购买习惯，表现出消费需求的相似性。这种相似性使不同的消费者形成相类似的消费群体，从而构成了相对独立又比较稳定的某一细分子市场。

学习专栏5-1：
市场细分与市场分类的区别

（3）企业资源的有限性。任何企业的资源和经营能力都是有限的，不可能满足所有消费者的需求，只能在自身资源和能力所允许的范围内，生产经营某类或某几类产品或服务，以满足某些消费群体的某些需求。这种资源的有限性要求企业必须对整体市场进行细分，然后选择与自身条件相匹配的细分市场，发挥企业资源优势，更好地满足目标市场消费者需求。

3．国际市场细分的含义

国际市场细分（international market segmentation）是在市场细分的基础上发展起来的，是市场细分概念在国际市场营销中的运用。由于国际市场营销的特殊性与复杂性，国际市场细分有以下两个方面的含义。

（1）国际市场宏观细分。国际市场宏观细分是指企业根据一定的标准将全球市场划分为若干个子市场，每个子市场内部的国家或地区在营销环境上大致相同，企业可以从中选择一个或几个子市场作为自己的宏观目标市场，开展目标营销。

（2）国际市场微观细分。国际市场微观细分是指企业进入某一个国家或地区的市场后，针对其市场需求的差异性与相似性，按一定的标准对该国的市场继续进行细分，然后根据企业自身实际，选择一个或几个子市场作为企业的目标市场，开展目标市场营销。

国际市场宏观细分是在全球范围内进行的，是国际市场微观细分的基础。宏观细分和微观细分构成完整的国际市场细分，是国际市场营销企业选择目标市场和制定国际市场营销战略的基础。

5.1.2 国际市场细分标准

1．国际市场宏观细分标准

（1）地理因素。地理细分是企业按照消费者所处的地理位置、地理环境等特点来划分全球市场的。地理因素相对于其他因素比较稳定，是市场细分的主要标准之一。在很多情况下，处于不同地理区域的消费者，对同一产品的需求或偏好会存在差异，对产品价格、销售渠道、促销宣传等营销策略的理解与反应也会有一定的不同。

（2）经济因素。不同国家或地区在经济发展水平、发展规模、发展速度等方面存在差异，因此各国国内市场需求、消费结构及企业经营成本等方面可能存在差异。用经济标准细分国际市场的一个最简便的方法就是以人均GDP作为衡量标准。人均GDP反映了一国居民平均的购买能力，进而也能反映人们的消费结构和消费行为状况。人均GDP高的国家，居民消费结构呈现高档化、多样化、个性化的趋势；人均GDP低的国家，居民消费大众化而且低档化。

（3）文化因素。社会文化环境对国际市场营销的重要影响，使得构成社会文化的语言文字、风俗习惯、教育、宗教信仰、审美观、价值观、社会阶层等诸因素都能成为国际市场宏观细分标准。

2. 国际市场微观细分标准

这里主要阐述消费者市场主要的细分标准，如地理、人口、心理、行为等。

（1）地理因素。这是根据消费者所处的地理位置、气候差别、交通运输条件、人口密度等因素的不同进行的国际市场微观细分。

（2）人口因素。消费者的年龄、性别、收入、种族、职业、教育、信仰等因素与消费者的需求、偏好、商品使用频率、商品销售等特征密切相关，所以，人口因素一直是消费者市场重要的细分标准。

（3）心理因素。心理因素是企业按照消费者的生活方式、购买动机、生活态度等细分消费者市场。

① 生活方式。人们的消费行为是其生活方式的写照。生活方式的不同，对商品的需求也有相当大的区别。并且，人们的生活方式一旦发生变化，就会产生新的消费需求。因此，越来越多的企业根据消费者的不同生活方式来细分市场，并为之设计不同的营销组合策略。如美国一时装公司分别设计了生活朴素型、时髦型、有男子气度型、知识型、优雅型等不同款式的服装，提供给其他国家不同生活方式的消费者。

② 购买动机。不同购买动机的人所表现的消费需求与购买行为具有很大的差异。按购买动机可以将消费者划分为不同的类型，有的消费者的购买动机是产品质量好、耐用且价格便宜，该类消费者属于经济实惠型；有的消费者购买高档的产品是为了炫耀经济地位和社会地位，则属于显示型；还有的消费者主要考虑产品的款式、花色等是否时尚，属于时髦型。

③ 生活态度。这是根据消费者对企业及其产品的态度进行分类并采取相应的营销措施的一种划分市场的方式。对持中间态度的消费者（“我曾听说过某品牌，但我并不真正了解它”），应大力开展信息丰富、说服力强的促销活动；对抱积极态度的消费者（“某品牌是市场上最好的产品”），应想方设法增强消费者的这一积极态度；对持消极态度的消费者（“某品牌比另外某品牌低劣”），要改变其态度是较困难的，应在广告宣传上具体化并改进产品质量，塑造企业及其产品的良好形象。

（4）行为因素。行为因素包括购买时机、利益追求、使用频率、产品忠诚度等。这些因素与消费者选择商品有着密切的联系。

① 购买时机。许多商品具有很强的季节性，这些商品的销售旺季就是企业最佳的销售时机。对于具有较强购买时机的产品，企业要加强促销宣传，促进消费者在特定的时机大量地购买。

案例展示5-1：牙膏市场的细分

② 利益追求。消费者对产品或服务的需要与购买出于不同的利益动机，根据

消费者这种不同的利益动机将市场细分为不同的消费者群，叫作“受益细分”。

③ 使用频率。对于同样一种产品或服务，可能有的消费者使用很少，有的消费者使用一些，有的消费者大量使用。据此可以细分出该产品或服务的少量使用者、中度使用者和大量使用者市场。在这三种市场类型中，大量使用者的人数占消费者总数的比例不大，而所消费的商品数量却在消费总量中占较大比重；少量使用者市场反之。企业在致力于为大量使用者市场服务时，不要忽视了少量使用者和中度使用者市场，而要采取有力措施，力争使少量使用者市场转变为中度使用者市场，使中度使用者市场转变为大量使用者市场，甚至从未使用者中开辟出新的使用者市场。

④ 品牌忠诚度。品牌忠诚度是指消费者在购买某种产品或服务时，比较忠于某些品牌或商家，从而成为某产品或企业的忠诚顾客。

任务 2 国际目标市场选择

5.2.1 国际目标市场的内涵

国际目标市场是指企业通过国际市场细分，根据自身任务、目标与资源条件所选定的，并将以相应的产品或服务满足其现实或潜在的消费者需求的某一个或几个国际细分市场。

5.2.2 国际目标市场选择决策

1. 市场集中化

市场集中化是指企业在若干国际细分市场中，只选取一个细分市场，只生产一类产品，供应单一的顾客群，进行集中营销，如某服装厂商只生产、销售儿童服装。集中营销使企业能够充分了解该细分市场的需求特点，采用针对的产品、价格、渠道和促销策略，较为容易获得市场竞争优势，但同时隐含较大的经营风险。选择市场集中化模式一般基于以下考虑：

① 企业具备在该细分市场从事专业化经营或取胜的优势条件；

② 受限于资金能力，只能经营一个细分市场；

③ 企业在该细分市场中没有竞争对手；

④ 企业准备以此为出发点，取得细分市场的成功后再向更多的细分市场扩展。

2. 产品专业化

产品专业化是指企业集中推出某一种或某一类产品或服务，并向所有的消费者销售。该模式有利于企业形成和发展生产与技术上的优势，在该领域树立良好的品牌形象。但如果市场上出现其他品牌的替代品或消费者偏好发生转移，企业将面临巨大的威胁。

3. 市场专业化

市场专业化是指企业专门经营满足某一顾客群需求的各种产品。市场专业化经营的产品类型众多，能有效地分散经营风险。但如果这个顾客群的需求量和特点突然发生变化，企业要承担较大风险。

4. 选择专业化

选择专业化是指企业选取若干个具有良好盈利潜力和吸引力，且符合企业目标和资源特点的细分市场作为目标市场，其中每个细分市场与其他细分市场之间很少联系或者根本没有任何联系。该模式可以有效地分散企业经营风险，即使其中某个细分市场盈利状况不佳，企业仍可在其他细分市场盈利。采用选择专业化模式的企业应具备较强的资源与经营实力。

5. 市场全面化

市场全面化是指企业以生产多种产品来满足各类顾客群体的需要。只有实力雄厚的大型企业才能选用这种模式。这种市场模式面广量大，企业只要经营有方，就能够收到良好的营销效果；反之，经营风险也更高。

5.2.3 国际目标市场营销策略

企业在对各个国际细分市场评估的基础上确定了目标市场。国际目标市场具体情况不同，企业采取的营销策略也要有所差别。可供企业选择的国际目标市场营销策略有无差异营销策略、差异性营销策略和集中性营销策略三种。

1. 无差异营销策略

无差异营销策略是指企业将整个市场作为目标市场，推出同一种产品，实施同一种营销组合策略，以满足整个市场上尽可能多的消费者的某种共同需求。采用该种策略的企业，主要着眼于顾客需求的同质性而忽略顾客需求的差异性，对市场不再进行细分，只求满足大多数顾客的共同性需要（如图5–1所示）。

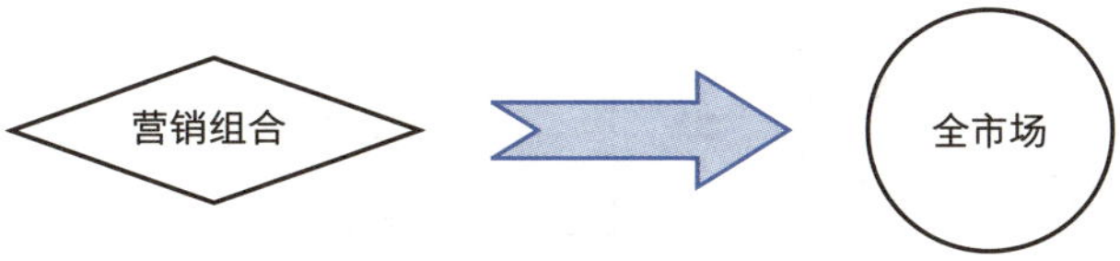

图5–1　无差异营销策略

2. 差异性营销策略

差异性营销策略是指企业在国际市场细分的基础上选择多个细分市场作为企业的国际目标市场，针对各个目标市场的不同特点分别设计不同的产品，运用不同的营销组合方案，以满足多个国际目标市场消费者的不同需求。采用该种策略的企业，主要着眼于消费者需求的异质性，体现了以消费者需求为中心的现代市场营销观念（如图 5-2 所示）。

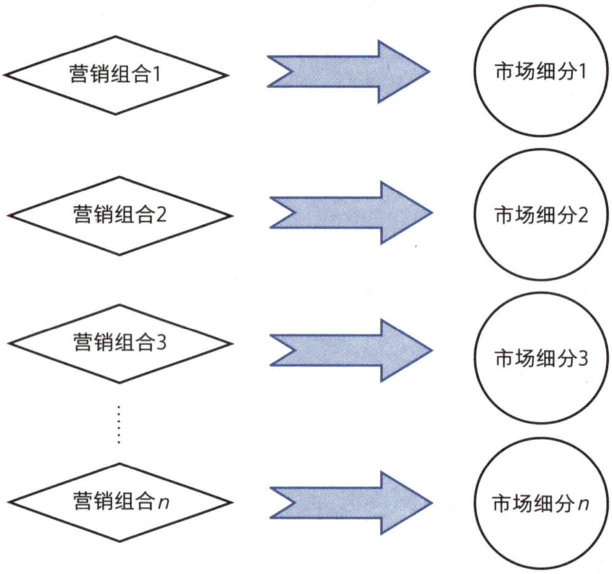

图5-2　差异性营销策略

3. 集中性营销策略

集中性营销策略又称为密集性营销策略，是指企业选择一个或几个细分市场或者是一个细分市场的一部分作为目标市场，集中企业全部市场营销组合为其服务，实行专门化生产和销售。企业采用此种营销策略，追求的不是在较大市场上占有较小的市场份额，而是在较小的市场上占有较大的市场份额（如图 5-3 所示）。

学习专栏5-2：
不同营销策略的特征分析

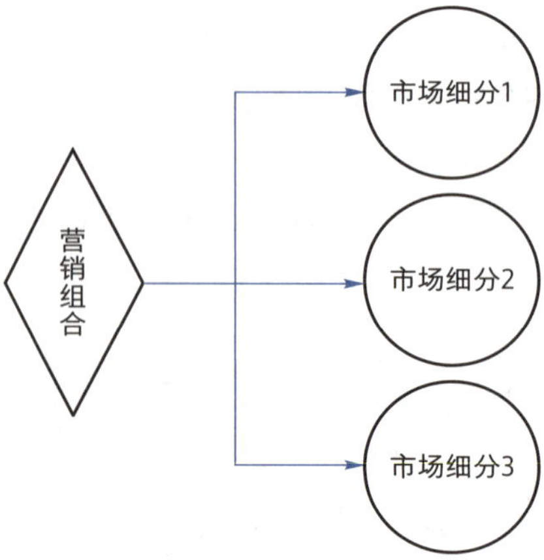

图5-3　集中性营销策略

5.2.4 国际目标市场选择影响因素

1. 企业实力

企业实力即企业资源能力，包括企业的财力、物力、技术能力等。资源雄厚的大型企业，可实行无差异性或差异性营销策略。如果企业资源有限、实力不强，无力覆盖更多的市场，则宜采用集中性营销策略。

2. 产品特性

产品性质相似、购买挑选性不大、使用面较广的同质产品，如面粉、食盐、初级矿产品、普通钢材等，可实行无差异营销策略。而产品性质相差较大、购买挑选性大的差异产品，如服装、家电、鞋帽等，则适宜采用差异性营销或集中性营销策略。

3. 产品生命周期

① 处于导入期和成长前期的新产品，品种比较单一，竞争者稀少，适宜实行无差异营销策略，以探求市场需求和潜在顾客情况，也有利于节约市场开发费用。② 当产品进入成长后期或成熟期时，市场竞争加剧，宜采取差异性营销策略，以开拓新的市场，扩大销路。③ 当产品进入衰退期时，宜实行集中性营销策略，以集中力量于少数仍然有利可图的目标市场。

4. 市场特点

如果目标市场国的消费者需求和偏好相近，购买方式和购买习惯相似，可实行无差异性营销策略。反之，则适宜采取差异性营销策略或集中性营销策略。

5. 市场竞争

当市场上同类产品竞争者较少，竞争不激烈时，可采用无差异营销策略。当竞争者多，竞争激烈时，采用何种营销策略，主要是考虑企业自身与竞争对手的实力。如果是强有力的竞争者，并且实行的是无差异营销策略，则企业此时采取差异性营销策略往往会取得良好的营销效果。如果竞争对手已经实行了差异性营销策略，企业却仍实行无差异营销策略，则无法有效地开展竞争，势必失利。在此情况下，可考虑实行更有效的差异性营销策略或集中性营销策略。

任务 3
国际市场定位

5.3.1 国际市场定位内涵

国际市场定位（international marketing positioning）是指国际化经营企业根

学习专栏5-3：
市场细分、目标市场和市场定位的关系

据其所选定的国际目标市场的竞争情况与本企业的条件，确定本企业及其产品在目标市场上的突出位置，塑造企业整体形象。国际市场定位为国际化经营企业明确了目标市场战略发展方向，是制定国际目标市场营销策略组合的基础，有利于塑造企业自身及其品牌的形象。

5.3.2 国际市场定位依据

根据市场营销理论，企业市场定位的依据主要有以下几个方面。

1. 产品差异

企业可以从产品的性能、价格、外观设计、质量、销售服务等方面的差异确定企业市场定位是否有别于竞争者，是否具有特色，是否满足消费者需求。

案例展示5-2：
成功来自精准定位

2. 个性化差异

个性化差异是指企业必须建立与竞争者有明显差异的品牌形象，赋予品牌独有的个性，以满足消费者的个性需求。当不同品牌产品的实际效用相同或相近时，大多数消费者会选择具有独特个性的产品。

3. 服务差异

良好的销售服务是赢得消费者和市场的关键。当消费者面对产品差异与品牌差异难以取舍时，往往会把预期能得到的服务作为选购商品的重要依据。如海尔公司承诺，顾客购买空调后24小时内送货、安装、调试。当顾客打电话要求维修时，保证当天上门，事后还跟踪，直到消费者满意为止。国产品牌的家电产品近年来之所以能在我国家电市场上占有很高的份额，主要原因就是可以为消费者提供及时的优良的售后服务。而曾经在我国市场上占上风的一些日本家电品牌，由于轻视中国消费者对售后服务的需求，没有为消费者提供可靠的服务，正逐渐被消费者冷落与疏远。

5.3.3 国际市场定位策略

1. “针锋相对式”策略

实行“针锋相对式”策略的企业，将其产品定位在与竞争对手相似或者相近的位置上，同竞争对手争夺相同的细分市场。采用这种定位策略的企业，产品必须比竞争对手的产品更好，比竞争对手拥有更多的资源和更强的实力，并且该细分市场有足够的容量能够吸纳两个或两个以上竞争者的产品。

学习专栏5-4：
市场定位误区

2. “填空补缺式”策略

企业在目标市场上寻找还没有被占领或者未被完全占领的，但为许多消费者所重视的市场进行定位，即填补市场上的空白。这种定位策略能使企业较快地在市场上站稳脚跟，并能在消费者中迅速树立形象，并且这种定位市场风险较小，成功率较高，常常为多数企业所采用。

【例5-1】

A工业公司的“填空补缺式”营销

A工业公司是美国一家生产玻璃的厂商，其资金、资源和生产能力在同行业中均居中下游。起初该公司试图向建筑市场推销用于房屋门窗的普通平板玻璃，但由于实力不足，很难与其他实力雄厚的大玻璃工业公司相抗衡，其产品在建筑市场中所占份额极其微小。

后来A工业公司的市场营销主管人员对市场进行细分后改变了他们的供应方向，把产品集中供应给那些要用硬化彩色玻璃来生产自己产品的公司，满足客户的这一特殊需要。A工业公司采用了“填空补缺式”的营销方法，并制定了针对那些不为大企业所重视的“小市场”的营销组合方案，与客户建立了密切的关系，成效显著。结果A公司赢得了同行业中非常高的利润率。

3. “另辟蹊径式”策略

当企业意识到自己无力与强大的竞争对手进行对抗而获得绝对优势地位时，可根据自己的条件取得相对优势，即突出宣传自己与众不同的特色。如“元气森林”汽水就突出宣传自己的产品“0糖0脂肪0热量”的特点，成为无糖饮料市场的领先者。

4. 重新定位策略

企业在选定了市场定位目标后，如果定位不准确，或市场情况发生变化影响原有市场定位时，就应考虑重新定位。重新定位策略是以退为进的策略，目的是实施更有效的重新定位。

任务4 国际目标市场进入

5.4.1 国际目标市场进入的内涵

国际目标市场进入也称国际市场开拓，是企业在国际市场选择的基础上，对进入国际目标市场的目的、资源与模式等所进行的综合性规划，目的在于引领企业有效地开展国际市场营销活动和保持在国际目标市场上的持续发展。

【课堂活动5-1】

中国家电通过并购走向国际化

近年来，许多国内家电大品牌纷纷发起对海外家电企业的并购。

美的通过并购东芝白色家电进入东南亚和日本市场；收购库卡则让它成为全球四大机器人企业之一，有力地推动了它的多元化发展。海尔作为冰箱、洗衣机行业的龙头企业，近年来同样频频收购外资品牌。先是收购三洋白色家电业务，2016年又收购了GE家电业务。同样在并购的还有海信，它希望通过开展海外并购进军国际市场。2015年海信将夏普北美业务收入旗下，借机进入北美市场；2017年则发起对负责东芝电视业务的东芝映像解决方案公司（TVS）的收购计划，借助东芝电视在海外市场的影响力，帮助它进一步拓展海外市场。

（资料来源：铁马冰河．进博会开展之际 中国家电正通过并购走向国际化．家电网资讯，2018-11.）

要求：（1）除通过并购走向国际化之外，家电企业进入国际市场还有哪些途径？

（2）试分析企业通过海外并购走向国际化的模式的优缺点。

组织形式：（1）以学习型项目团队为单位进行讨论。

（2）以团队为单位进行全班交流，教师点评。

考核要点：企业进入国际市场的阻碍因素。

5.4.2 国际目标市场进入模式

国际目标市场进入模式是指企业对进入国际市场的产品、技术、技能、管理和其他资源进行的系统规划，是企业制定国际目标市场战略的关键决策之一。

企业在进入国际市场时，首先应该选择一种特定的模式。总体而言，一个企业进入国际市场主要有出口进入模式、合同进入模式和投资进入模式（如图5-4所示）。对于进行国际市场营销的企业来说，了解各种进入模式的优缺点与适用条件，有利于企业进行国际目标市场进入决策。

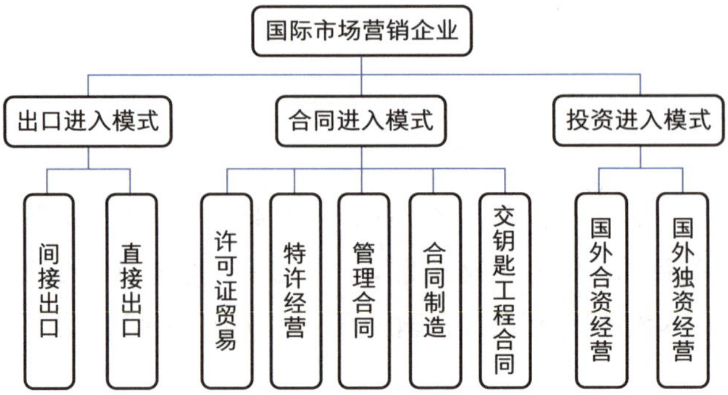

图5-4 国际市场进入模式示意图

1. 出口进入模式

出口进入模式是指企业通过间接或直接的方式，向国外目标市场出口产品的一种模式。通常它被认为是方法最简单、风险最小、资源投入最少的一种开拓国际市场的模式。

出口进入模式一般分为两种：间接出口和直接出口。

（1）间接出口。间接出口是指企业通过国内中间商把产品出口到国外市场，企业未参与国际市场营销活动。间接出口模式适合那些对国际市场缺乏了解、不具备开拓国际市场营销活动能力的企业。

间接出口的渠道主要有通过国内的国际贸易公司、跨境电商企业、国外驻本国采购机构等，将产品销往国外市场。

【案例分析】

特斯拉的全球营销与能源网络布局

作为目前最为知名的纯电动汽车企业，特斯拉仅仅用了14年，便从一家由谷歌极客创建的小型电动汽车公司发展成为在全球各大主要汽车市场拥有销售服务网络和能源充电网络的全球化电动汽车企业。

在特斯拉的全球扩张过程中，它没有与任何经销商合作，而是参考了苹果等科技公司的销售策略，在全球范围内建立了庞大的直销服务体系。

特斯拉公司总顾问曾向美国联邦贸易委员会阐述过特斯拉之所以这样选择的三大原因：① 离用户更近，容易完成对消费者的教育；② 通过订单生产，特斯拉实现了零库存；③ 直销更契合纯电动汽车的商业模式。

1. 建设全球充电网络，提升产品销量

经过近100年的发展，传统燃油汽车已经在全球范围内搭建了较为完善的能量补给体系，各式加油站已经遍布全球。而对于电动汽车而言，充电桩的建设步伐还远远无法满足用户的长距离出行需求。此外，由于目前充电功率低的原因，电动汽车动辄数小时的充电时间也导致人口密集地区的电动汽车车主经常面临一桩难求的尴尬。

为此，特斯拉选择自建充电网络。与当前国内功率一般为45kW或75kW的直流快充桩不同，特斯拉超级充电站的充电功率升级为150kW。特斯拉计划发布功率超过350kW的充电技术。届时，一辆拥有75kWh电池的Model S电动汽车充满电仅需要几分钟。

特斯拉在美国已建成了5 000多个超级充电站，并在近万家酒店、餐厅和商场建成了壁挂式的电动汽车充电连接器。

在欧洲，特斯拉的充电网络建设从挪威开始，目前已经覆盖了北欧、西欧、中欧等地区。

在中国，特斯拉已建设了超过700个超级充电桩，充电及服务网络覆盖全国170座城市。

通过建设超级充电站，特斯拉为其车主提供了较为完善的能源补给网络。与此同时，也有越来越多的用户开始基于品牌和充电体验而选择特斯拉汽车。

2. 全球供应链+海外建厂：降低产品成本，提升交付能力

除了电池以外，此前特斯拉车型的供应链已经实现了全球采购。相关研究显示，在动力总成系统、电驱动系统和充电系统这三大体系当中，共有直接供应商38家。其中，来自中国大陆的企业有21家；日本企业有5家，美国有2家（包括特斯拉自己）。

鉴于来自东亚的供应商在供应商序列中占主流，特斯拉将海外工厂放在中国就成了最佳选项。更不用说中国已经成为全球最大的新能源汽车市场，到2025年新能源汽车产销量预计将超过700万辆。

对于特斯拉动辄长达几个月的产品交付周期而言，本地化建厂显然能够减少消费者的等待时间。而除了有助于让特斯拉更加便捷地向该地区输出产品以外，临近中国供应链也将大大降低特斯拉汽车的生产成本和在华售价。

（资料来源："一带一路"国外案例研究：特斯拉的全球营销与能源网络布局. 搜狐网，2017-10.）

【问题讨论】

特斯拉是如何进行国际市场营销布局的？它对现代国际企业选择目标市场进入模式有何启示？

（2）直接出口。直接出口是指企业不通过国内中间商，直接将产品销往国外市场，并直接参与国际市场营销活动。

随着跨境电子商务的快速发展，越来越多的中国企业基于其产品研发、生产的优势，利用跨境电子商务平台直接参与国际市场营销活动。跨境电子商务最大的优势在于精简了传统外贸的中间环节，从而提高交易双方的利润空间。事实证明，跨境电子商务正在改变整个国际贸易的组织方式，使国际贸易走向无国界贸易，同时也正在引起世界经济贸易的巨大变革。可以说，现在跨境电子商务已成为中国企业进入国际市场的一个主要渠道。

2. 合同进入模式

合同进入模式是指同目标市场国企业之间订立长期的、非投资性的无形资产转让合同，从而进入国际目标市场的一种方式。合同进入模式下可转让的无形资产包括：专利、商标、技术诀窍、工艺技能、营销技能等工业产权与版权。合同进入模式常见形式有以下五种。

（1）许可证贸易。许可证贸易也称为许可贸易，是指技术出售者将其技术标的物的使用权通过许可证协议或合同的形式销售给技术接受方的一种贸易方式。许可证贸易是国际技术贸易中最为普遍的一种形式，是企业进入国际市场的一种简单而又迅速的方式，许多西方企业在进入其他国家市场时都采用这一方式。它又分为独占许可、排他许可、普通许可、可转让许可和交换许可。

（2）特许经营。特许经营是指特许经营权拥有者（特许人）以合同约定的形式，允许特许经营者（受许人）有偿使用其名称、商标、专有技术、产品及运作管理经验从事经营活动的商业经营模式。

不同国家、不同组织对特许经营有不同的定义，但一般而言，特许经营具有如下特征。

① 特许经营是特许人和受许人之间的契约关系；

② 特许人将允许受许人使用自己的商号、商标或服务标记、经营诀窍、技术方法、持续体系及其他工业产权与知识产权；

③ 受许人自己对其业务进行投资，并拥有该业务；

④ 受许人需要向特许人支付费用；

⑤ 特许经营是一种持续性关系。

（3）管理合同。管理合同是指管理公司通过与目标市场国的企业签订合同，承担其一部分或全部管理业务，以提取管理费、获取一部分企业利润或以特定价格购买该企业股票的方式获取报酬。

（4）合同制造。合同制造是指企业与目标市场国企业签订合同后，提供原材料由其进行加工生产、提供零部件由其组装，或者提供详细的规格标准由国外企业仿制，然后由本企业负责产品营销的一种形式。

合同制造在我国对外贸易中一般表现为加工贸易。加工贸易在商标使用方面可分为定牌生产与无牌生产；在生产原材料或零配件来源方面可分为进料加工、来料加工、来样加工和来件装配。

（5）交钥匙工程合同。交钥匙工程是指企业通过与国外企业签订合同并完成某一工程项目，包括设备安装、试运行及初步操作顺利运转后，即将该工程项目所有权和管理权的“钥匙”依合同完整地交给对方，由对方开始经营。因而，交钥匙工程合同也可以看成是一种特殊形式的管理合同。

合同进入模式的特征见表5-1。

表5-1　合同进入模式的特征

形式	优点	缺点
许可证贸易	• 市场开发成本低 • 规避贸易壁垒 • 风险小	• 收益低 • 控制力不强 • 可能培养潜在的竞争对手

续表

形式	优点	缺点
特许经营	● 以低成本迅速扩展国际经营网络 ● 经营标准化，有利于特许方品牌或商标的影响力 ● 资金投入较少 ● 政治风险小	● 特许方盈利有限 ● 不易控制和管理受许方 ● 可能培养未来竞争者 ● 特许经营合同使企业在特许经营区域扩展受到限制
管理合同	● 可获取对方经营控制权 ● 投资较少，收益较大	● 阶段性强，持续性差
合同制造	● 降低成本 ● 利于企业集中精力从事市场营销	● 可能将合作伙伴培养成竞争对手 ● 生产过程监管难度加大
交钥匙工程合同	● 收益大	● 时间长、过程复杂 ● 技术水平与管理水平要求高 ● 所需资金多，涉及面广 ● 风险大等

3. 投资进入模式

投资进入模式是指企业在目标市场国采取直接投资的方式建立永久性企业，并对其经营管理拥有一定程度控制权的市场进入模式。投资进入是企业进行国际市场营销的高级形态，母公司拥有更大的控制权，能更密切地接触国际目标市场，市场渗透程度更深，便于克服贸易壁垒，并且能够节省运输成本、关税成本等，利于降低产品成本，提高产品的国际市场竞争力，有效提高产品对当地市场偏好的适应性。因此，越来越多的企业倾向于采用这种模式。

但是投资进入模式的回报等待时间长，初期投资成本高，导致企业战略调整缺乏灵活性；另外，该模式占用企业资源多，风险大。

投资进入模式又分为国外合资经营和国外独资经营两种方式。

（1）国外合资经营。国外合资经营是指国际经营企业与目标市场国的投资商在当地共同投资兴办企业，双方都拥有企业的所有权与经营权，即共同投资、共同经营、共担风险、共负盈亏，实现双方资源和能力互补，达到共同发展的目的。

联合投资方式可以是国际经营企业购买当地企业的部分股权，或当地企业购买国际经营企业在当地所设立企业的股权，也可以是双方合资创办新的企业。

（2）国外独资经营。国外独资经营是指企业独自到目标市场国投资建厂，独立投资、独立经营、自负盈亏。在实践中，独资经营的标准不一定是拥有100%的企业所有权，主要是拥有对投资企业完全的管理权和控制权。独资经营的方式可以是收购目标市场国企业，也可以是在当地直接投资建厂。

投资进入模式的特征见表5-2。

表5-2　投资进入模式的特征

形式	优点	缺点
国外合资经营	● 实现资本输出带动产品出口的目的 ● 利用合作伙伴的相关资源，利于开拓国际市场 ● 当地经营，有利于及时获取市场信息 ● 政治风险小，可获得东道国政府相关投资优惠	● 股权与管理权分散 ● 一定程度上影响公司经营的协调 ● 可能导致商业秘密泄露 ● 有助于发展竞争对手
国外独资经营	● 完全控制经营，利益独享 ● 降低成本，提高市场竞争力 ● 易得到东道国政府支持 ● 有利于树立良好的企业形象 ● 有助于积累国际市场营销经验	● 投资大 ● 风险较大 ● 管理难度大

【课堂活动5-2】

宝洁公司进入中国市场模式及其市场定位策略。

要求：结合中国市场营销环境，围绕宝洁公司进入中国市场的模式及其实施市场定位策略的原因进行讨论。

组织形式：（1）以学习型项目团队为单位进行讨论。

（2）以团队为单位进行全班交流，教师点评。

考核要点：企业进入国际目标市场模式；国际市场定位。

活动设计

应知训练

一、名词解释

国际市场细分　国际市场定位　国际目标市场　合同进入模式

二、单项选择题

1.（　　）差异的存在是市场细分的客观依据。

A．产品　　　　B．价格

C．需求偏好　　D．细分

2. 美国宝洁公司开发了多种功能的多个品牌，如去头屑的海飞丝、让头发飘逸的飘柔、营养发质的潘婷等，体现了（　　）营销策略。

A. 品牌　　B. 产品

C. 价格　　D. 目标市场

3. 某生产企业发现出口产品的生产、运输成本太高，其关税、配额等贸易限制很严，这种情况下，企业产品进入国际市场宜采用的方式是（　　）。

A. 利用国外的经销商或代理商　　B. 企业设立驻外办事处

C. 建立国外营销子公司　　D. 在目标市场就地生产、就地销售

4. 集中性市场战略尤其适合于（　　）。

A. 跨国公司　　B. 大型企业

C. 中型企业　　D. 小型企业

5. 企业开始走向国际市场最常用的方法是（　　）。

A. 直接出口　　B. 间接出口

C. 国外装配　　D. 来料加工

三、多项选择题

1. 细分消费者市场的标准有（　　）。

A. 地理因素　　B. 人口因素

C. 心理因素　　D. 行业因素

E. 行为因素

2. 市场定位的主要策略有（　　）。

A. 产品定位　　B. 形象定位

C. 避强定位　　D. 对抗性定位

E. 重新定位

3. 企业国际市场进入模式包括（　　）。

A. 出口进入　　B. 投资进入

C. 合同进入　　D. 特许经营

E. 国外独资经营

4. 人口细分标准指的是按照人口（　　）等人口统计学特征进行的市场细分。

A. 总量　　B. 性别

C. 年龄　　D. 文化程度

E. 收入水平

5. 差异性营销策略的优点包括（　　）。

A. 针对性强　　B. 适应需求的变化

C. 成本低　　D. 分散经营风险

E. 增强竞争力

四、判断题

1. 市场专业化是一种最简单的目标市场模式。(　　)

2. 同质性产品适合于采用集中性市场营销战略。(　　)

3. 间接出口企业拥有较大的海外营销控制权，可以建立自己的渠道网络。(　　)

4. 在同类产品市场上，同一细分市场的顾客需求具有较多的共同性。(　　)

5. 特许经营模式是投资进入模式中的一种。(　　)

应会操练

一、思维能力训练

【实训名称】

案例分析：欧莱雅集团的中国并购发展之路

【实训目的】

通过该训练任务，训练学生国际目标市场营销意识，了解企业如何正确地进行国际目标市场选择与市场定位，懂得如何为背景企业选择恰当的国际目标市场进入模式，有效地将知识转化为技能，培养学生解决实际营销问题的能力。

【实训步骤及要求】

1. 教师选择恰当案例，拟订需要谈论分析的问题；

2. 确定案例训练组织形式：学习型项目团队讨论会（6~8人）；

3. 教师主持课堂案件讨论，各团队选出一名代表阐述本公司的分析要点；

4. 教师进行最后的点评与总结；

5. 各团队在讨论分析案例的基础上按以下要求撰写、提交“案例分析报告”，字数1 000字左右，文字表述要精练、观点明确。

案例分析报告
时　间：
分析者：
班　组：
问题分析：
➤ 问题一：
➤ 问题二：

【实训考核】（百分制）

评分维度	资料的处理与应用	内容的充实性	知识的应用性	分析的逻辑性	创新性	报告文本	团队的分工合作
百分比	10	12	15	15	20	12	16
得　分							

【案例介绍】

欧莱雅集团的中国并购发展之路

信息化水平的发展与市场化程度的加深，使得国际之间的贸易往来更加密切，跨国贸易行为越发普遍和密集，成为跨国集团的重要经营手段。欧莱雅集团是国际知名的化妆品公司，旗下包括多个独立品牌的产品，在中国市场的长期发展过程中，通过一系列的并购措施不断扩大市场的占有份额。

在进入中国市场的初期，欧莱雅集团在产品与渠道上产生了明显的“水土不服”问题，主营的销售产品中很少有适应市场环境的大众型产品。在渠道上仅对一线城市进行了覆盖；在涉及二三线城市的销售中没有适应的网点渠道，这些问题成为制约品牌发展的重要内容。

有鉴于此，欧莱雅通过对中国本土化妆品企业的并购实现了人员与市场环境的融合，从而为加快品牌的本土化发展提供了基础性条件。最为典型的案例，是欧莱雅对小护士与羽西两个公司的并购。在收购小护士的过程中，欧莱雅集团不仅吸收了小护士在宜昌的生产基地，同时也覆盖了其在全国各地的 28 万个销售网点，也由此整合了中国化妆品市场近5%的市场份额。在收购羽西的过程中，传承了其原有品牌下的全部产品链条，秉承其“专为亚洲女性设计”的基本原则，从而更好地迎合市场环境，为打通销售渠道建立了良好的市场环境基础。而羽西在发展的过程中，也将自身的品牌推向了国际化市场环境，从而完成了双赢式的跨国并购操作。

在并购的过程中，欧莱雅集团中国市场负责人针对自身存在的困境条件，在综合分析中国本土品牌的基础上，看准了小护士品牌的优势条件，在执行整体集团发展计划之前，必须通过吸收小护士的分销渠道与大众产品链条，才能有效展开后续工作。同时，对小护士进行整合的过程也正是完善集团整体“品牌池”计划的重要环节。基于对不同文化地域审美认知的尊重，在开发产品的过程中，必须将其设计与定位置于消费者的审美角度，并通过地道的本土品牌进行文化内涵补充，从而强化整体执行效果，使企业与区域市场的融合更加密切。

（资料来源：毛雅．对欧莱雅集团中国并购的研究．环球市场，2018-23.）

【问题讨论】

1. 欧莱雅集团在中国市场采取了哪种营销策略？这种营销策略具备哪些优缺点？

2. 欧莱雅集团是如何进行品牌定位的？其成功的原因有哪些？

二、综合能力训练

团队项目：结合背景企业（当地某一开展国际市场营销的企业）实际，为该企业的国际目标市场营销进行策划。

【实训目的】

通过该训练的操作，使学生：

1. 加深对国际目标市场营销重要性的认识，培养学生对国际市场的分析能力与判断能力；

2. 掌握国际市场细分和定位的方法与技能；

3. 能够为背景企业进行国际目标市场营销策划，包括国际市场细分、国际目标市场选择、国际市场定位，并为企业选择恰当的国际目标市场进入模式。

【实训要求】

以学习型项目团队为单位进行项目实训，明确内部分工。以各团队为单位与当地一家开展国际市场营销的企业进行联系，确定研究对象。

【实训操作步骤】

1. 集体讨论。

以团队为单位进行讨论，研讨中心围绕国际市场细分、国际目标市场选择、国际市场定位、国际目标市场进入模式等内容。

2. 收集、整理、分析资料。

● 通过实地走访、网络等途径收集、掌握背景企业近几年来开展国内外市场营销活动的情况；

● 通过网络调查、案头资料收集等多种途径，了解背景企业目标市场国的营销环境；

● 多种途径查阅国内外同行业相关市场信息资料及最新动态；

● 通过收集的资料，整理分析该背景企业国内外市场营销状况及其目标市场国的营销环境。

3. 国际目标市场营销整体方案策划。

● 在反复研讨的基础上，各团队形成背景企业国际目标市场营销的具体方案，方案要具有可操作性；

● 进一步评议、修订国际目标市场营销方案，形成最终的较合理的方案。

4. 策划方案提交。

各团队提交格式规范的《×××企业国际目标市场营销策划方案》，包括：

- 国际市场细分；
- 国际目标市场模式选择；
- 国际市场定位；
- 国际目标市场进入模式。

5. 实训成果汇报、评议、成绩综评。

- 各团队推选一名代表采用PPT形式进行实训成果汇报；
- 同学互评，教师适当点评并进行实训总结；
- 教师对各团队及其各成员进行综合成绩评定。

【实训成果】

《×××企业国际目标市场营销策划方案》。

【实训考核】（百分制）

评分维度	信息的处理与应用	知识的应用性	分析的逻辑性	创新性	实训文本	演讲者仪容仪态	答辩	团队分工合作
百分比	10	15	15	18	10	10	10	12
得　分								

模块四

国际市场营销策略制定

- 国际市场营销策略制定
  - 国际市场营销产品策略制定
    - 国际市场产品认知
    - 国际市场产品设计
    - 国际市场产品组合分析
    - 国际市场产品生命周期分析
    - 国际市场新产品开发
    - 国际市场营销品牌决策
  - 国际市场营销价格策略制定
    - 影响国际市场营销定价的主要因素分析
    - 国际市场营销定价方法分析
    - 国际市场营销定价策略制定
    - 国际市场转移价格认知
  - 国际市场营销分销策略制定
    - 国际分销渠道认知
    - 国际中间商类型分析
    - 国际分销渠道决策
    - 国际分销渠道管理
  - 国际市场营销促销策略制定
    - 国际市场促销策略认知
    - 国际市场人员推销策略制定
    - 国际市场广告促销策略制定
    - 国际市场营业推广策略制定
    - 国际市场公共关系策略制定

项目六

国际市场营销产品策略制定

学习目标

※ 知识目标

· 了解国际市场营销产品整体概念与国际产品组合要素

· 掌握国际市场产品设计策略

· 了解国际市场产品生命周期及其各阶段的营销策略

· 掌握国际市场新产品的开发与品牌策略

※ 能力目标

能为背景企业制定适用的国际新产品开发方案及其品牌策略

※ 素养目标

通过本项目的学习，培养学习者良好的自主学习与合作学习能力，使学习者的产品策略综合制定能力、创新能力、书面表达与口头表达能力、团队协作能力等方面得以提升

【开篇案例】

Zoom在日本突遇“水土不服”

2011年，美籍华人袁征在美国硅谷创立了视频会议软件Zoom。Zoom在研发之前，虽然在美国市场上已经有不少对标的产品，但它们或多或少存在不够垂直聚焦、操作烦琐等问题。而Zoom当时的设计方向，用袁征的话说就是“足够简单实用，能解决视频会议的本质问题”，从这方面看，Zoom做到了。美国用户更喜欢接受功能单一的产品，在软件应用上，美国人不喜欢为用不到的功能付费，而亚洲文化里用户却对很多附加功能有“迷之依赖”。

简单好用，上手方便快捷，简直就是为云视频会议而生的Zoom，还附载着好操作的“点睛之笔”，比如能切换视频聊天背景，能进行人员讨论分组等功能。很多公司使用Zoom就能召集上百员工同时在线开会，2020年，由于新冠疫情线上会议需求猛增，Zoom一下子“蹿红”了。用户量从2019年年底的1 000多万迅速增加到了2亿多。创始人袁征也顺势成为新晋的亿万富翁。

但等Zoom出海，“游”到日本时，就有点“水土不服”了。一些日本企业向其反映：在线会议时上下级头像一样大，导致尊卑不明！日本企业急切盼望Zoom能够改进界面，至少让人一眼就能看出谁是老板，谁是员工。

在日本的职场里，等级文化确实是存在的。通常，在日本大众的观念里员工是不会换工作的，一般人都会在一家公司工作到退休，所以日本的晋升制度和等级观念有别于中国，更有别于美国。日本的这种等级观念由来已久。

Zoom的优势有目共睹。而Zoom在日本的尴尬遭遇，也给国内的软件服务商提了醒。当一款软件产品逐渐被市场接受乃至拓展进入全球更大市场的时候，肯定会面临来自不同地区的文化差异，和因此而产生的差异化操作习惯问题。如果Zoom的设计者定位这款产品是销往全球的，那么就需要对不同目标市场的客户群体进行精准画像，对产品的业务架构进行灵活调整，以适应不同目标市场。

（资料来源：中外管理，作者朱东，引文有删改。）

任务1
国际市场产品认知

现代市场营销理论认为，产品整体概念是指能够满足消费者的整体需求，既包括对产品“有形物质”的需求，也有对产品“无形服务”的需求。产品整体概念通常包括核心产品、有形产品和附加产品三个层次 。

1. 核心产品

核心产品（core product）是产品整体概念中最核心、最基本的层次，能够满足购买者对产品最基本的实际效用和利益的追求。核心产品是抽象的、无形的，是购买者所真正需要的能够解决问题的核心利益，购买者在这一利益得到充分满足的前提下，才会去追求产品整体概念中的其他部分。因此，一个企业的产品是否具有市场生命力，关键在于能否实现顾客所追求的核心利益。

2. 有形产品

有形产品（tangible product）是核心产品的载体和具体表现形式，体现了产品的实体性，展示了核心产品的全部外部特征，包括产品的品质、价格、款式、外观特色、品牌、包装等，是购买者识别、购买产品的客观依据。

效用相同的产品的外部形态可能会有较大的差别。顾客在购买产品时，不仅追求核心产品，还会考虑产品的有形部分，而有形产品往往是产品整体要素中首先被人们认知的部分。消费者对产品实体部分的综合感觉，会在很大程度上影响产品的销售。

3. 附加产品

附加产品（augmented product）又称为延伸产品、扩增产品，是指顾客在购买产品时所能获得的全部附加服务和利益，包括资金融通、送货、安装调试、质量保证、维修服务等。在同类企业产品实体层差别越来越小、越来越趋于“一致化”的市场竞争中，设计有效的产品延伸层意义重大。很多事实表明企业间市场竞争胜负的关键往往在于“服务仗如何打”。

任务 2 国际市场产品设计

国际化企业进行国际市场营销活动面临的首要问题是产品策略该如何选择。一般而言，可以采用与内销品（在国内市场销售的产品）相同的标准化、统一化产品策略；也可以针对不同国家或地区的市场特点生产不同的产品来满足国际市场消费者需求，即采用与内销品不同的差异化、多样化产品策略。

6.2.1 国际市场产品标准化设计

国际市场产品标准化是指企业向国外市场提供的产品与国内市场的产品相同，是一种产品延伸策略，即企业的产品从国内市场延伸到国外市场。

学习专栏6-1：国际市场产品标准化策略选择的影响因素

企业实行国际市场产品标准化策略，可以大幅度降低企业在国际市场产品研发、生产、销售等各环节中的成本，实现生产的规模经济和国际市场营销活动的规模效益，从而提高企业利润；有助于不同国家或地区的消费者识别企业产品，满足流动性较强的顾客需求，提升企业产品在国际市场上的知名度；有利于树立全球统一的产品形象，提升企业声誉，提高顾客对企业产品和品牌的忠诚度；有利于企业对其国际市场营销活动进行有效控制。

国际市场产品标准化便于企业集中营销资源，在种类单一、标准化、统一化的产品上投入相对丰富的资源，从而降低国际市场营销管理的难度，增强对国际市场营销活动的控制力度。

6.2.2 国际市场产品差异化设计

国际市场产品差异化设计是一种产品本土化设计策略，是指企业根据目标市场需求特点与营销环境的特殊性，设计、生产和销售不同的产品，采用不同的国际市场营销策略以满足不同市场消费者的不同需求。

产品标准化策略虽然有利于企业树立全球统一的产品形象，可以降低成本，但不一定能增加收益；差异化策略虽然会导致企业生产经营成本上升，但能更充分地满足国际市场消费者的差异化、个性化需求，更符合现代市场营销观念，是企业开展国际市场营销的主流产品策略。

企业在国际市场上实行产品差异化策略的原因主要有以下两点。

1. 被动差异化

被动差异化是指由于目标市场国营销环境的特殊性，企业必须对产品进行调整和改变，否则将无法进入目标市场。如我国的民用电压是220伏，而日本的民用电压是110伏，因此，日本的家电产品进入我国市场必须进行相应的更改，否则无法使用。

2. 主动差异化

主动差异化是指企业为了更好地适应目标市场国的市场需求而主动对产品进行适应性调整和改进，以便取得良好的营销效果。

对国际化企业而言，国际市场产品标准化策略和差异化策略各有优劣，采用何种产品设计策略，需要综合考虑国际市场的宏观与微观营销环境，并根据企业资源情况与国际市场营销目标作出选择。

任务3
国际市场产品组合分析

6.3.1 产品组合

1. 产品项目

产品项目（product item）是指产品大类中各种不同品种、档次、质量、价格、技术结构和其他特征的具体产品。

2. 产品线

产品线（product line）又称为产品大类，是指密切相关的满足同类需求的一组产品。产品线可依据产品功能上的相似性、消费上的连带性、顾客群与分销渠道和价格范围进行划分。通常每条产品线都设专人管理，称为产品线经理。每条产品线内又包含若干产品项目。

3. 产品组合

产品组合（product mix）也称产品搭配（product assortment），指一个企业所生产经营的全部产品的总和，是企业提供给目标市场的全部产品线和产品项目的组合或搭配，即企业的经营范围和产品结构。

6.3.2 产品组合要素

1. 产品组合宽度

产品组合宽度（width）是指一个企业所生产经营的产品大类的多少，即拥有产品线的数量，多则宽，少则窄。如宝洁公司有洗涤剂、润肤露等6个产品大类，即6条产品线，则宝洁公司产品组合的宽度是6。

2. 产品组合深度

产品组合深度（depth）是指每一条产品线中，各产品项目所包含的所有不同花色、品种、规格、款式产品的数量。如某种品牌的咖啡有3种规格、4种风味，则该产品的深度就是$3\times4=12$。通过计算每一产品线下的产品项目数，可以得到产品组合的平均深度。

3. 产品组合长度

产品组合长度（length）是指企业所有产品线所包含的所有产品项目总数。

4. 产品组合相关性

产品组合相关性（consistency）是指企业产品组合中各产品线之间在原材料供应、生产工艺、目标市场、最终用途、分销渠道等方面的相似或相近程度。产品组合相关性的高低影响企业生产经营管理的复杂程度。一般而言，相关性越高，则管理的复杂程度越低；反之亦然。

6.3.3 产品组合策略

通常有以下几种类型的产品组合策略供国际化企业选择。

1. 产品组合扩大策略

产品组合扩大策略是指企业通过拓展产品宽度和加强产品深度来扩大企业经营范围。拓展产品宽度就是增加产品线，以实现产品多样化。如一些国际性的大企业通过收购、兼并其他行业的企业，或者投资其他行业进行业务扩展，实现企业经营多元化。加强产品深度就是在原有的产品线内增加新的产品项目，以增加企业的经营品种。

2. 产品组合缩减策略

产品组合缩减策略是指企业在结合国际市场营销实际分析现有产品组合的基础上，删减某些产品线或产品项目，缩小产品组合的宽度或深度，使产品组合最优化，实行集中经营。

企业进行产品组合缩减一般出于以下两种情况。

一是现有产品组合中存在微利甚至是亏损的产品项目，企业无法采取有效措施进一步扩大这些产品项目的销售，难以通过降低成本的方法获得满意的利润。在此情况下就需要删减这些产品项目。

二是企业无法获得足够的原材料、资金、设备、人力等用于扩大生产经营的资源。出于企业自身资源的限制，为了保证现有盈利产品项目的生产与经营，必须要削减产品组合。

3. 产品组合延伸策略

产品组合延伸策略是指企业全部或部分地改变其原有产品的国际市场定位，以寻求新的国际市场机遇。可供企业选择的产品组合延伸策略有三种。

（1）向下延伸策略。向下延伸策略是指原来生产经营高档产品的企业逐渐增加一些较低档次的产品。企业采取向下延伸策略主要出于以下几种情况。

① 高档产品在市场上受到竞争者的威胁；

② 高档产品市场销售增长速度趋于下降，企业需要向下延伸便于寻找新的市场增长点；

③ 以较低档的产品填补产品线的空缺，来防止新的竞争者涉足，或是以较低档和低价的产品吸引顾客。

（2）向上延伸策略。向上延伸策略是指原本生产经营低档产品的企业逐渐增加高档产品。向上延伸策略适用于以下几种情况。

① 国际市场上对高档产品需求增加，企业现有的高档产品销售增长率和毛利率较高；

② 企业为了追求高、中、低档都齐备的完整产品线；

③ 企业想以高档产品来提高产品的市场形象。

（3）双向延伸策略。双向延伸策略是指原来生产经营中档产品的企业，在一定条件下，逐渐向高档产品和低档产品两个方向延伸。这种策略有利于企业丰富原有的产品组合，以适应国际市场上不同的消费者需求，同时对于强化企业的国际市场竞争地位比较有帮助。如日本丰田公司曾在其中档产品卡罗拉牌轿车的基础上，分别向高档市场和低档市场推出了佳美牌轿车和小明星牌轿车，还向豪华汽车市场推出了雷克萨斯牌轿车。

任务 4 国际市场产品生命周期分析

6.4.1 产品生命周期

1. 产品生命周期内涵

产品生命周期（product life cycle）是指产品从开发、上市，到在市场上由弱变强、又从盛转衰，直至被市场淘汰的全过程。典型的产品生命周期大致包括开发期、导入期、成长期、成熟期和衰退期。

产品生命周期是指产品的“经济寿命”或“市场寿命”是无形的、抽象的，它反映了产品的经济价值在市场上的变化过程，其“经济寿命”的长短受市场需求、产品更新换代等因素的影响。而产品的“自然寿命”或“使用寿命”则是有形的、直观的，是产品实体在消费过程中磨损或消耗所持续的时间，即产品的耐用程度，受产品性质、使用程度、维护保养等因素的影响。

不同的产品，其生命周期常常是各不相同的。如时装的产品生命周期可能只有几个月，而汽车的产品生命周期却长达十余年。同种产品在不同的国家或地区，其生命周期所处阶段有时相差较大，如我国城乡经济发展不平衡，智能手机在大城市已处于成熟期甚至是衰退期，而在边远的农村尚处于成长初期。

产品种类、产品形式和产品品牌的生命周期也具有很大的差异：产品种类具有最长的生命周期，有的产品种类生命周期的成熟期可能会无限延续。产品形式的生命周期次之，它一般表现出比较典型的生命周期过程，常常经历四个阶段。而具体的产品品牌的生命周期最短且不规则。它受市场环境、企业营销决策、品牌知名度等多种因素影响。一般品牌知名度高，生命周期则长；反之则短。

2. 产品生命周期各阶段特征

根据菲利普·科特勒的观点，典型的产品生命周期包括五个阶段，各阶段特征各异（如表6-1所示）。

表6-1 典型产品生命周期阶段特征

产品生命周期阶段	各阶段特征
开发期	产品市场销售为零，企业投入与日俱增
导入期	● 产品生产技术不稳定，生产批量小，产品项目单一 ● 经营成本较高 ● 新产品刚投入市场，顾客对产品不太了解，只有少数追求新奇的顾客可能购买，销售量很低 ● 企业销售网络还没有全面、有效地建立起来，销售渠道不畅，销售增长缓慢 ● 由于销售量少，成本高，企业通常获利甚微，甚至是亏损经营 ● 同类产品的生产者较少，竞争者很少
成长期	● 产品质量稳定，产品项目增加，企业具备批量生产的条件 ● 经过前一阶段的促销活动，消费者对产品的性能、用途已比较了解，大量的新顾客开始购买，购买者迅速增加，销售额迅速增长 ● 随着产量和销售额的迅速增长，生产经营成本下降，企业扭亏为盈，利润迅速上升 ● 同类产品竞争者看到有利可图，进入市场参与竞争
成熟期	① 成熟期的三个阶段： ● 成长中的成熟期：产品市场销售额缓慢上升 ● 稳定中的成熟期：产品市场销售额达到最高，市场趋于饱和，需求开始下降 ● 衰退中的成熟期：产品市场销售额开始下降 ② 企业生产批量很大，生产稳定，产品的花色、品种、款式等更新较快，并开始研制和小批量生产新产品 ③ 市场上类似产品增多，并不断出现仿制品，消费者对产品选择余地增大，强调购买名优产品，潜在顾客减少 ④ 同行业企业间竞争激烈，各自加强广告宣传等促销攻势，以刺激消费者更多需求，企业经营成本增加，获利开始下降
衰退期	● 产品销售量和产量急剧下降，企业获利少 ● 新产品逐渐替代旧产品，消费者需求偏好发生转移 ● 许多竞争者转产，退出市场

3. 产品生命周期各阶段营销策略

基于产品生命周期各阶段的市场特征，企业可采取相应的营销策略，如表6-2所示。

表6-2 产品生命周期各阶段营销策略

产品生命周期阶段	各阶段相应的营销策略
开发期	做好充分的市场调研，构建独特的新产品构思，努力开发富有特色的新产品项目
导入期	① 产品策略：及时了解新产品市场需求的反馈信息，以不断改进产品，提高产品质量，努力增加新品种，以满足市场需求 ② 渠道策略：为尽快扩大产品销售，应选择具有销售同类产品经验的中间商 ③ 价格和促销策略有以下四种： • 快速取脂策略 • 慢速取脂策略 • 快速渗透策略 • 缓慢渗透策略
成长期	① 产品策略：改进和完善产品，提供优良的售后服务等措施，提高产品的竞争能力，使消费者产生信任感，争创名牌 ② 价格策略：企业根据市场竞争情况和自身的特点灵活定价，选择适当的时机降低产品的价格，争取对价格敏感的顾客，冲击竞争对手 ③ 渠道策略：增加销售网点和经销代理机构，增强销售渠道功效；开辟新的流通渠道，扩大产品销售范围；加强产品的销售服务，以巩固市场，提高市场占有率 ④ 促销策略：广告宣传重点从介绍期的介绍产品以提高产品知名度，转为着重宣传产品的特殊性能、特色以及提高企业及其产品的形象和声誉，以建立顾客品牌偏好，维系老顾客，吸引和发展新顾客
成熟期	① 更改市场策略，通常为了： • 寻求新的细分市场 • 刺激顾客增加产品使用率 • 重新进行市场定位，寻求新顾客 ② 更改产品策略，通常有： • 品质改良 • 功能改良 • 式样改良 • 附加产品改良 • 市场营销组合改良
衰退期	• 维持策略 • 集中策略 • 收缩策略 • 放弃策略

6.4.2 国际产品生命周期

1. 国际产品生命周期内涵

美国经济学家雷蒙德·弗农首先提出了国际产品生命周期理论。该理论指出了产品在国际市场上的生命周期及其规律性，即新产品首先研发于发达国家企业，在被垄断一段时期后，这种产品（或技术）会先向世界上其他较发达国家转移，然后再向发展中国家转移，而具有成本优势的发展中国家在掌握了该产品的生产技术后，会反过来又向有市场需求的发达国家出口，成为该产品的主要出口国。为了便于区分，弗农把这些国家依次分成创新国（一般为最发达国家）、一般发达国家、发展中国家。弗农指出：

① 国际新产品的扩散呈瀑布式传递规律；

② 创新国是产品萌芽时期主要的产品输出国；

③ 产品技术的标准化和发展中国家的模仿使创新国渐渐失去生产优势；

④ 一般发达国家和发展中国家的生产优势随时间推移逐渐此消彼长。

2. 国际产品生命周期各阶段特征

弗农把国际产品生命周期分为三个阶段：新产品阶段、成熟产品阶段和标准化产品阶段。

（1）新产品阶段（new product stage）。在此阶段，创新国利用其拥有的垄断技术优势研究开发新产品，但此时产品尚未完全成型，技术不够完善，加之竞争者少，市场竞争不激烈，替代品少，产品附加值高，国内市场就能满足其获取高额利润的要求等原因，新产品极少出口到其他国家，绝大部分产品都在国内市场销售。

（2）成熟产品阶段（maturing product stage）。在此阶段，创新国的技术垄断和市场垄断地位被打破，市场竞争者增多，竞争激烈，替代品增多，产品附加值不断走低，企业越来越重视产品成本的下降，相对较低的成本开始处于越来越有利的地位，且创新国和一般发达国家市场开始出现饱和，为降低成本、提高经济效益、抑制国内外竞争者，企业纷纷到发展中国家投资建厂，逐步放弃在国内生产。

（3）标准化产品阶段（standardized stage）。在此阶段，产品的生产技术已经完全成熟，对生产者技能的要求不高，原创新产品企业的垄断优势已经消失，成本、价格成为决定性的因素。而在这一阶段，发展中国家已经具备明显的成本因素优势，创新国和一般发达国家为了进一步降低生产成本，开始大量地在发展中国家投资建厂，再将产品远销至别国和第三国市场。

【例6-1】

美国是计算机产品的原始发明国，最初计算机在美国生产并出口到其他工业国。随着美国计算机市场进入成长期，其他工业国家模仿美国技术，并开始生产计算机，美国计算机虽然还有优势，但已经明显减少。随着技术的进一步成熟，其他发达国家已经成为主要的计算机生产者，而美国则沦为计算机进口消费国。当其他发达国家成为主要生产国时，新兴工业国家和地区（韩国、中国台湾、新加坡等）也开始模仿生产计算机。由于其工资低廉的竞争优势，新兴国家和地区渐渐取代其他发达国家成为全球计算机的主要生产国和出口国，而美国和其他发达国家则成为计算机的进口国。接着，发展中国家（如中国）的模仿生产和工资低廉优势，又渐渐取代新兴工业国家和地区成为全球计算机生产制造基地和主要出口国。

任务5 国际市场新产品开发

6.5.1 国际新产品内涵

国际新产品是指国际产品整体概念中任何一部分发生创新、变革与改进，并能给国际市场消费者带来新利益、新满足的产品，它不仅指技术新产品，还包括市场新产品。全新产品、换代新产品、改进新产品和仿制新产品都属于国际新产品之列。

1. 全新产品

全新产品是指采用新原理、新结构、新技术、新材料研制而成的产品，具有独创性、先进性和实用性的特征。如电视机、电话、汽车、飞机、计算机等在发明时就属于全新产品。全新产品的研究与开发往往伴随着科学技术的重大突破，并对人类社会的发展进步、人们的生产与生活产生深远的影响。但全新产品的研发一般需要较长时间和人力、财力、物力的巨额投入，开发难度大，市场风险大。因此只有少数在某一行业居领先地位的企业能进行全新产品的研发。一项耗资巨大的全新产品的问世往往是多行业、多企业、多部门联合投资开发的结果。

2. 换代新产品

换代新产品是指在原有产品的基础上，采用或部分采用新技术、新材料、新工艺研制的、使产品性能得到显著提高的产品。如洗衣机从单缸洗衣机发展到双缸洗衣机，又发展到全自动洗衣机；又如计算机自从面世以来，已经过从电子管、晶体管、集成电路到大规模集成电路的多次换代演变过程。

3. 改进新产品

改进新产品是指对原有产品的性能、结构、功能等方面加以改变或改进，如电熨斗增加了蒸汽喷雾功能，电视机有多画面的功能等。与换代新产品相比，改进型新产品受技术限制较小，成本较低，更便于在市场上推广。

4. 仿制新产品

仿制新产品是指对市场上已有的产品进行引进或模仿生产的产品。仿制可以是部分仿制、局部仿制，也可以是全部仿制。开发仿制新产品一般投入相对较少、风险小，但要注意仿制的合法性。

在以上四类新产品中，就研制难度而言，全新产品难度最大，不过企业如能率先在国际市场上推出全新产品，获利会很可观；仿制新产品相对最容易，但市场竞争激烈。目前从世界范围看，全新产品的研发越来越困难，不少企业把新产品研制的重点放在产品的改进或换代上。

6.5.2 国际新产品开发策略

1. 抢先策略

企业利用自身先进的技术、灵通的市场信息、雄厚的资金等优势资源研制新产品，以便在竞争对手进入市场前迅速将产品投入国际市场，抢先在国际市场和消费者心目中占据有利位置，成为市场上技术领先、竞争有利的企业。

2. 跟随策略

跟随策略是指企业紧随本行业实力强大的竞争者，不失时机地仿制竞争对手成功上市的新产品，以此确保企业自身的生存与发展。该策略节约了企业研发新产品的成本与时间，许多中小企业在发展之初常采用该策略。跟随策略还适用于反应敏锐、应变迅速的企业。如松下公司把索尼公司首创的录像机改制成结构紧凑、质量可靠、价格适中的录像机，从而在市场占有率上超过索尼公司。

3. 引进策略

将国外已成熟的先进技术引进来用于开发新产品，或直接利用引进的设计资料进行试制。这种策略风险小、投资少、见效快，是技术落后地区常用的策略。值得注意的是，企业采用此种策略不能一味地模仿，而应在吸收外来技术的基础上进行创新。例如，日本政府曾制定了“以引进带制造促出口”的政策，日本企业对引进技术“国产化”的意识非常强，“一号机引进，二号机国产，三号机出口”成了他们行动的准则，像佳能、奥林巴斯等照相机，都是以莱卡等名牌产品为解剖对象进行研究模仿，并都在国际市场上超越了这些名牌产品。

4. 合作策略

随着科学技术的迅猛发展，许多产品在原理、技术和生产工艺等方面出现了互相渗透、纵横交叉的特点，对于技术资源有限的企业尤其是中小企业而言，可以采用横向联合、共同开发新产品的策略。这样既可以集中技术力量和开发资金，又可以分散风险。合作开发一般有研究开发合作型、研究生产合作型、生产合作型、生产销售合作型、资金合作型以及人员合作型等形式。

6.5.3 国际新产品开发过程

国际新产品开发是一项投入高、难度大、风险大的工作，不仅需要有严密的组织和管理，还需要有一套系统、科学的研发程序。参照国内市场营销，国际市场新产品开发可以分为以下七个阶段。

1. 寻求创意，产生构思

成功地开发一种新产品，首先需要有创造性、有价值的构想。新产品构想的来源途径很多，有来自企业内部的，如科研人员的创意、员工的建议、企业市场调查的信息等；也有来自企业外部的，如供应商的要求或建议、顾客的意见或要求、经销商的要求或建议、竞争对手的产品、广告公司的创意等。有资料表明，在美国，成功的技术革新和新产品构思有60% ~ 80%来自顾客的建议或顾客使用时提出的改进意见（除军用品外）。因此，企业应集思广益，多渠道寻求新产品开发的构思。

企业开发新产品的构想受企业规模与企业国际化程度的影响。一般而言，国际化程度较低、规模较小的企业，开发新产品的构想主要来源于企业内部；而国际化程度较高的企业，则有多种途径获得新产品开发构想。

2. 甄别创意，筛选构思

对大量的新产品构思进行评价，研究其可行性，筛选出可行性高、有价值的构思，淘汰那些不可行或可行性低的创意，将企业资源集中应用于成功机会较大的产品创意上。

企业筛选构思一般要考虑两个因素：一是企业的发展目标与资源条件，也就是要考虑该构思是否与企业的战略目标相适应，如利润目标、销售目标等；二是企业开发与实施该种构思的能力，如资金能力、技术能力、人力资源、销售能力等。

企业筛选构思要避免两种失误：一是“误舍”，就是将那些有价值、有发展前景的新产品构思舍弃；二是“误用”，就是将一些价值低、可行性低、发展潜力小的新产品构思付诸开发。不论是“误舍”还是“误用”，都会给企业造成重大损失。因此，企业必须从自身实际情况出发，根据国际市场实际情况决定新产品构思的取舍。

学习专栏6-2：新产品概念形成的“3W”模式

3. 形成产品概念

对企业而言，产品构思是从自身角度考虑，希望提供给国际市场的产品设想，是抽象的、模糊的、未成型的产品创意。而产品概念是产品构思的具体化、明确化、成型化，是企业从顾客角度对产品构思进行的详细描述。如一块手表，从企业角度看，它是齿轮、轴心、表壳及制造过程、管理方法与成本等因素的集合；而对顾客来说，更多的是考虑手表的外形、价格、准确性、保修期、适用性等因素。企业需要从国际市场顾客的角度出发，把产品构思发展为能被不同顾客理解，能用文字、图形或模型予以具体描述的产品概念。

4. 商业分析

商业分析是指对新产品的预期销售额、预期成本、预期投资收益等方面进行详细的、实质性的经济分析，以评估新产品能否达到企业的经营目标。此外，对目前国际市场上主要竞争者和潜在竞争者进行的研究分析，有助于对新产品的长期销售趋势进行预测，也是商业分析的一个重要方面。如果新产品的商业分析可行，符合企业国际市场营销目标，那么该新产品就可以进入实体开发阶段。

5. 产品研制

产品研制是新产品开发过程非常重要的阶段，与前几个阶段相比，产品研制通常需要企业投入大量的人力、物力和财力，因此，企业应十分重视该阶段的管理。

产品研制主要包括企业研发部门进行的以下三个方面工作内容。

首先，对抽象的产品概念进行实体形态设计，如勾画出产品示意图，进行产品品牌和包装的设计等。

其次，按照产品设计图纸生产出产品模型或样品。

最后，对产品模型或样品进行一系列严格的功能测试和消费者测试。

6. 市场试销

新产品经过功能测试与消费者测试后，企业通常会制造小批量的正式产品，并拟订相应的市场营销方案，投入到一定范围的国际市场进行试验性销售，以观察国际市场顾客的反应，进而考虑是否将新产品大批量地正式投放进国际市场。

市场试销要确定合适的试销地点、合理的试销时间和合适的试销方式。

7. 正式上市

新产品试销成功后，企业就可以大批量生产新产品，并选择合适的时机正式投放国际市场。在这一阶段，企业要慎重做好新产品正式上市的“3W1H”决策。

（1）新产品于何时上市（when）。这是指新产品在什么时间投放国际市场最适宜。以下情况需要注意：

① 如果新产品是原有产品的替代品，则应在原有产品的存货处理完毕后再把新产品投放进国际市场。

② 如果新产品的市场需求有很强的季节性，则应在销售季节来临时投放进国际市场。

③ 如果新产品存在问题需要改进，则不能仓促上市，须待改进完善之后再投放进国际市场。

（2）新产品于何地上市（where）。企业需要制定国际市场投放计划，先在主要的目标市场国集中进行宣传，等到在该市场上占有相当的市场份额后，再扩大到更为广阔的国际市场。

（3）向谁推出新产品（who）。企业需要根据新产品特点选择最具潜力的顾客群作为新产品销售的目标市场，并充分利用相关群体的影响作用，带动一般顾客的购买行为，快速、经济、有效地扩大新产品的国际市场占有率。

（4）新产品如何上市（how）。企业需要制定新产品上市的国际市场营销策略，以便有计划地进行各种国际市场营销活动，有效地进行国际市场营销管理。一般而言，企业一次只将新产品投放到一个国家或地区的市场，只有少数大企业选择把新产品同时投放到多个国家或地区的市场。

【课堂活动6-1】

为你喜欢的手机品牌/快餐店想出至少10个新产品构思。在这些构思中，你们认为哪一个/几个可能会成功？为什么？

要求：结合市场需求新特征与新趋势、顾客消费心理等实际进行分析；需要有创新与创意。

组织形式：（1）以学习型项目团队为单位进行讨论。

（2）以学习型项目团队为单位进行全班交流，教师点评。

考核要点：国际市场新产品开发；国际目标市场需求等。

任务6 国际市场营销品牌决策

6.6.1 国际品牌内涵

品牌（brand）是企业为自己的产品或服务确定的名称、术语、符号或图案，或者是这些元素的不同组合，供购买者识别产品的制造商、销售商或服务的提供者，并与其他类似产品和劳务相区别。

品牌由品牌名称（brand name）和品牌标志（brand mark）组成。品牌名称是品牌中可以用语言准确表达的部分，是词语、字母、数字或词组等的组合，如华为、360、TCL等。品牌标志是品牌中可被识别，但不能用语言明确表达的部分，学习专栏6-3：菲利普·科特勒的品牌“六含义”

包括符号、图案或专门设计的颜色、字体等。如“可口可乐”几个英文字母的专业设计的图案，小天鹅的天鹅造型等。

商标（trade mark）是指向有关国家政府主管部门或国际相关组织注册登记的、受法律保护的品牌，因此，商标是品牌的法律称谓。注册商标拥有专用权、转让权、使用许可权等权利。而品牌则是个商业术语，未经合法注册，不受法律保护。可以说商标都是品牌，但并非所有的品牌都是商标。

6.6.2 国际品牌设计

优秀的品牌设计需要坚持以下原则。

1. 简洁醒目，易读、易记、易识别

从语音角度说，要容易发音、各国通用、语感好、冲击力强，读起来抑扬顿挫，朗朗上口，如可口可乐、娃哈哈、沃尔玛等。

【例6-2】

● IBM是全球十大品牌之一。身为世界上最大的计算机制造商，它被誉为“蓝色巨人”。它的全称是“国际商用机器公司”（International Business Machines），这样的名称不但难记忆，而且不易读写，在传播上首先就制造了障碍。于是，国际商用机器公司设计出了简单的IBM的字体造型标志对外传播，终于造就了其高科技领域的领导者形象。

● 吉普（Jeep）汽车的车身都带有GP标志，并标明是通用型越野车，Jeep即“通用型”的英文单词general purpose首字母缩写GP的发音。但有另一种说法，称其来源于一部连环画中的一个怪物，这个怪物总是发出“吉——普，吉——普”的声音，非常容易发音和传播。

2. 特色鲜明，新颖独特

品牌作为企业产品的标志，设计时必须构思独特，突破常规，与众不同，切忌烦琐、雷同、平庸。

【例6-3】

● 美国一家奶粉公司用“KLIM”作为品牌名称，相当独特，因为奶粉是牛奶

（milk）的浓缩物，而该公司的品牌名称是牛奶英文“milk”一词的倒置，不仅独特，而且易懂、易记。

● 一家眼镜公司品牌为OIC，其寓意相当形象。品牌的标志是三个字母的组合，像人的两个眼睛和鼻梁，并且读音响亮，可以读成“Oh，I see”，即“啊，我看见了”的意思，其品牌的特征非常显著。

3. 构思巧妙，寓意深刻，赋予品牌积极的想象

一个与众不同、富有感召力的品牌一定是创意独特、寓意深刻、赋予品牌积极想象的，这样的品牌会使消费者产生美好的愿望，消费者个人的价值取向和情感体验就会很自然地在该产品上体现出来。

【例6-4】

金利来（Goldlion），原来取名“金狮”，对香港人说来，便是“尽输”的意思。香港人非常讲究吉利，面对如此忌讳的名字自然无人光顾。后来，曾宪梓先生将Goldlion分成两部分，前部分Gold译为金，后部分lion音译为利来。取名“金利来”之后，情形大为改观，吉祥如意的名字立即为金利来带来了好运。可以说，“金利来”能够取得今天的成就，其美好的品牌名称功不可没。

4. 尊重习俗，适应国际市场文化环境

国内外市场环境的不同，尤其文化风俗、宗教信仰、历史传统等社会文化环境的巨大差异，要求从事国际市场营销的企业在设计品牌和商标，或向国外市场直接销售产品时，必须考虑产品品牌的文化差异与文化适应性问题。

【例6-5】

● 海信具备国际战略眼光，注册了“HiSense”的英文商标，它来自“high sense”，是“高灵敏、高清晰”的意思，这非常符合其产品特性。同时，“high sense”又可译为“高远的见识”，体现了品牌的远大理想。

● “芳芳”牌婴儿爽身粉，在国内十分畅销，而在国外几乎无人问津。因为销往国外的产品以汉语拼音“FangFang”为品牌，而“Fang”在英文中意为“毒蛇的牙齿”“狼、狗的尖牙”之意。国外商人反映，将这个品牌的爽身粉给小孩使用，会令人感到恐怖。

● 美国汽车公司在将其“曼达多（MATADOR）”牌汽车销往波多黎各时，无人问津，因为“MATADOR”在当地语言中被译为“杀手”。美国通用汽车公司的“NOVA”牌汽车销往拉美国家时备受冷落，因为西班牙语中“NOVA”的意思是“不走”，不走的汽车谁还会买呢？

5. 遵守法律法规，规避品牌设计禁忌

品牌设计应符合目标市场国和有关国际组织相关的法律、法规、条约惯例的限制与规定。

① 不能与国内外重要政治标志相同或近似，如目标市场国和其他国家或地区的国家名称、国旗、国徽、军旗、勋章。

② 不能与国际组织的旗帜、徽记、名称相同或近似。

③ 不能含有带有民族歧视性和有伤社会良好道德风尚的文字、图形等。

④ 不能使用产品的通用名称和图形。

⑤ 不要直接反映商品本身的质量、主要原料、功能、用途、重量、数量等属性。如手表走时准确是其最基本的要求，如果采用“准确”作为品牌，就不能与其他生产经营者的手表相区别。同样的道理，保温瓶、保温杯等，亦不能用“保温”品牌。

6.6.3 国际品牌决策

1. 品牌化决策

企业进行国际品牌决策的第一个步骤是品牌化决策，即决定企业生产经营的产品是否品牌化。对企业而言，产品品牌化具有相当重要的作用，可以给企业带来诸多好处。但在国际市场营销活动中，一些企业对它的某些产品实行非品牌化策略，即对某些产品不设计品牌名称和品牌标志，直接在国际市场上销售，从而节省了企业产品开展品牌化业务等方面的费用，降低了经营成本和产品的国际市场价格，提高了国际市场竞争力，扩大了产品销售市场。

一般而言，以下情况企业可以考虑实行国际产品非品牌化策略。

① 未经加工直接供应给生产厂家的原料型产品，如棉花、大豆等。

② 生产简单，差异性、选择性不大的产品，如大米等。

③ 临时性或一次性生产的产品，如来料加工或装配业务。

④ 价值低的普通产品。

⑤ 消费者习惯上不以品牌为购买依据的产品。

2. 品牌归属决策

一般有以下三种品牌使用策略供企业选择。

（1）制造商自有品牌策略。制造商自有品牌是指生产者采用自己的品牌经营产品，是品牌策略中应用最广泛的一种。在西方国家，许多有名的大百货公司、超级市场和服装商店都使用自己的品牌。如美国著名的希尔斯（Sears）百货公司，90%的商品都使用自己的品牌。

（2）经销商品牌策略。经销商品牌，又称中间商品牌，是指企业在国际市场营销活动中，采用经销商品牌，而不使用制造商品牌。在目前国际市场上，一些实力较强的中间商创立了自己的品牌，以树立良好的企业形象，并利用自身良好的商业信誉和完善的销售系统增强对供货企业的控制，从而降低进货成本，提高市场竞争力。

（3）特许品牌策略。特许品牌策略是指生产者与自有品牌制造商签订品牌使用许可协议，在一定期限内使用对方品牌生产经营产品，并支付一定许可费。对于实力较弱、产品市场占有率较低、企业声誉尚待建立的生产企业，可以考虑采用特许品牌策略。

3. 品牌数量决策

如果企业决定使用自有品牌，还需要进一步对品牌使用数量进行决策。

（1）统一品牌策略。统一品牌策略是指企业将自己所生产经营的所有产品都用统一的品牌。如美国通用电气公司的所有产品都统一使用“GE”品牌。运用统一品牌策略可以集中展示企业实力，树立企业形象，节省品牌业务管理费用；有利于新产品借助原有品牌声誉迅速占领市场。但使用统一品牌策略的风险较大，任何一种产品的失败，都会殃及企业所有的产品。

（2）个别品牌策略。个别品牌策略是指企业生产经营的各种不同产品分别使用不同的品牌。如美国杜邦公司在全世界销售大约30 000种产品，共使用约2 000个品牌，为保护这些品牌而注册了15 000个商标。该品牌策略适宜于企业产品品种较多、各种产品生产技术彼此差异大等情况。个别品牌策略具有分散企业风险，发展多种产品线和产品项目，开拓更广泛市场的优势。但由于品牌多，品牌设计与运营费用高，可能不利于企业创立名牌。

（3）分类品牌策略。分类品牌策略是指企业将其生产经营的产品进行分类，不同产品线使用不同的品牌。分类品牌策略便于企业实行差异化营销，避免个别品牌策略成本高的问题，克服统一品牌策略风险大的缺点。

【例6-6】

- 美国西尔斯·罗巴克公司曾将其所经营的电器用品一律用“Konmore”品牌，女装统一使用“Kerry-brook”品牌，而大型家庭装置产品统一采用“Homart”品牌。

● 曾经辉煌一时的美国大西洋和太平洋茶叶公司主要经营各种食品品牌，一等品使用“安·帕格”品牌，二等品使用“苏坦娜”品牌，三等品则采用“伊欧娜”品牌。

（4）企业名称与个别品牌相结合策略。企业生产经营的不同产品分别使用不同的品牌，但在各种不同的品牌名称前冠以统一的企业名称。该品牌策略既有利于新产品借助企业声誉迅速占领国际市场，又可以使各种产品品牌保持各自的特点与相对独立性。

【例6-7】

美国通用汽车公司品牌系列

美国通用汽车公司生产经营多种类型的汽车，所有产品都采用“GM”这一统一的品牌，而各类产品又分别使用“凯迪拉克（Cadillac）”“别克（Buick）”“雪佛兰（Chevrolet）”等不同品牌。而“别克”品牌系列汽车又分为“君威”“凯越”等子品牌。

相关链接6-1：
品牌延伸陷阱

4. 品牌运营决策

（1）品牌延伸策略。品牌延伸（brand extension）策略是指企业利用现有品牌推出新的产品项目。如日本本田公司利用其品牌知名度，相继推出了本田摩托车、本田助动车、本田割草机等产品。品牌延伸策略有利于新产品借助原有品牌声誉被国际市场消费者认知与接受，快速进入国际市场，节省了市场推广费用。但品牌延伸策略也存在一些风险。

① 原有品牌可能不适用于新产品。

② 消费者对新产品不满意，有可能连带对企业其他产品的信任度产生怀疑。

③ 过度的品牌延伸可能会出现“品牌稀释”现象，即消费者不再把品牌与特定的产品或类似产品相联系。

（2）品牌扩张策略。品牌扩张策略是指企业运用成功品牌的影响力，通过兼并、特许品牌加盟、让渡品牌特许使用权等方式扩大其生产经营范围，扩大企业规模，增强企业实力。如TCL为了进入欧洲市场，收购了施奈德公司和汤姆逊公司；联想集团收购了IBM的全球台式计算机与笔记本计算机业务，成功进入欧美市场。

（3）品牌防御策略。著名品牌与商标拥有极高的市场知名度和美誉度，产品竞争力强，市场占有率高，具有很强的市场吸引力和极高的经济价值，是企业的无形资产。因此这些著名品牌常常成为被假冒、仿制和抢先注册的对象。品牌营销，商标注册先行，企业要及时注册品牌与商标。企业在国际市场营销品牌运营过程中要做到以下四点。

① 加强品牌与商标的自我保护意识，及时进行商标注册。企业要想使自己的产品品牌不被侵权，必须加强品牌与商标的保护意识，及时向有关国家的政府主管部门或国际相关组织注册登记受法律保护的品牌，取得商标专用权，以求得法律的保护，并按相关法律法规的要求及时进行商标续展。

② 注册联合商标和防御商标。联合商标是指某一个商标所有者，在相同的商品上注册几个近似的商标，或在同一类别的不同商品上注册几个相同或近似的商标，这些相互近似的商标被称为联合商标。这些商标中首先注册的或者主要使用的为主商标，其余的则为联合商标。联合商标注册不是为了使用，而是为了形成主商标的防护圈。如我国的娃哈哈集团把“娃哈哈”“娃娃哈”和“哈娃娃”等商标注册在相同的商品或服务上。

防御商标是指较为知名的商标所有人，在该注册商标核定使用的商品（服务）或类似商品（服务）以外的其他不同类别的商品（服务）上注册的若干相同商标，以防止他人在这些类别的商品或服务上注册使用相同的商标。如杭州娃哈哈集团在成立之初并没有想到会涉及医用保健品、瓜子乃至童装等经营范围，但娃哈哈集团比较有远见，具有强烈的商标保护意识，在医用保健品、瓜子、童装等产品上都注册了娃哈哈防御商标，取得了比较好的市场效果。

③ 运用专业防伪技术。现代防伪技术在市场上已经被广泛应用，如激光全息图像防伪、金属隐形防伪、特别印刷防伪等，这些防伪技术成为保护产品品牌与商标的重要手段。

④ 要提高维护品牌声誉的自觉性，与一切假冒、侵权行为作斗争。

【课堂活动6-2】

通过查阅、搜集有关资料，分析华为公司是如何实施国际化产品策略的。

要求：结合产品策略的相关知识进行分析讨论。

组织形式：（1）以学习型项目团队为单位进行讨论，并制作PPT。

（2）以团队为单位进行全班交流，教师点评。

考核要点：国际市场产品整体概念、产品组合、新产品开发、品牌策略等。

活动设计

应知训练

一、名词解释

国际产品整体概念　国际产品差异化　国际产品生命周期　品牌

二、单项选择题

1. 产品质量属于产品整体概念构成中的（　　）层次，产品买卖中卖方为买方提供的融资服务属于产品整体概念构成中的（　　）层次。

A. 核心产品　　B. 有形产品

C. 期望产品　　D. 附加产品

2. 一家电企业生产4种电冰箱产品、8种洗衣机产品、5种空调产品，那么这个企业的产品线有（　　）。

A. 1条　　B. 3条

C. 17条　　D. 8条

3. 日本丰田公司曾在其中档产品卡罗拉牌轿车的基础上，分别向高档市场和低档市场推出了佳美牌轿车和小明星牌轿车，这种情况属于（　　）。

A. 产品组合扩大策略　　B. 产品组合向上延伸策略

C. 产品组合向下延伸策略　　D. 产品组合双向延伸策略

4. 在国际产品生命周期阶段中，企业开始大量地在发展中国家投资建厂，再将产品远销至别国和第三国市场的阶段是（　　）。

A. 成熟产品阶段　　B. 标准化产品阶段

C. 新产品阶段　　D. 差异化产品阶段

5. 下列不属于品牌侵权行为的是（　　）。

A. 伪造　　B. 抢注

C. 非法仿制　　D. 侵犯知识产权

三、多项选择题

1. 下列属于洗衣机有形产品层次的有（　　）。

A. 洗涤功能　　B. 式样

C. 商标　　D. 品质

E. 送货上门

2. 下列产品宜采用国际产品标准化策略的有（　　）。

A. 景德镇瓷器　　B. 法国香水

C. 化妆品　　　　　　　　D. 电视机

E. 大米

3. 新产品的构思可以来自（　　）。

A. 顾客　　　　　　　　B. 竞争对手

C. 市场研究公司　　　　D. 推销员

E. 中间商

4. 下列属于改进新产品的有（　　）。

A. 电熨斗增加了蒸汽喷雾功能

B. 洗衣机从单缸洗衣机发展到双缸洗衣机，又发展到全自动洗衣机

C. 计算机自从面世以来已经过多次换代，从电子管、晶体管、集成电路到大规模集成电路

D. 电视机有多画面的功能

E. 智能音箱可以通过语音指令工作

5. 在实际的国际市场营销活动中，以下（　　）因素会影响企业对国际市场产品标准化策略的选择。

A. 国际市场竞争状况　　　　B. 国际市场消费者需求

C. 研究与开发成本　　　　D. 产品技术含量

E. 消费者受教育水平

四、判断题

1. 国际市场产品标准化实际上是一种产品延伸策略。（　　）

2. 化妆品、保健品等适合采用国际产品差异化策略。（　　）

3. 产品处于成长期中的企业，广告要着重宣传产品的特殊性能、特色。（　　）

4. 一般而言，国际化程度较低、规模较小的企业，开发新产品的构想主要来源于企业内部。（　　）

5. 仿制其他企业的产品不涉及知识产权问题。（　　）

应会操练

一、思维能力训练

【实训名称】

案例分析：GANNI如何进化成真正国际化的品牌

【实训目的】

通过该训练任务，有助于学生更好地了解当前国际市场营销中存在的产品安全

问题、形成原因以及如何构建产品安全伦理观；有效地将知识转化为技能，提高学生分析问题、解决问题的能力，有利于学生职业道德与素养的培养。

【实训步骤及要求】

1. 教师选择恰当案例，拟订需要谈论分析的问题；
2. 确定案例训练组织形式：学习型项目团队讨论会（6~8人）；
3. 教师主持课堂案件讨论，各团队选出一名代表阐述本团队的分析要点；
4. 教师进行最后的点评与总结；
5. 各团队在讨论分析案例的基础上按以下要求撰写、提交“案例分析报告”，字数1 000字左右，文字表述要精练、观点明确。

案例分析报告
时　间： 分析者： 班　组： 问题分析： ➢ 问题一： ➢ 问题二： ➢ 问题三：

【实训考核】（百分制）

评分维度	资料的处理与应用	内容的充实性	知识的应用性	分析的逻辑性	创新性	报告文本	团队的分工合作
百分比	10	12	15	15	20	12	16
得　分							

【案例介绍】

GANNI如何进化成真正国际化的品牌

GANNI来自丹麦，是一个极具现代魅力的女性服饰品牌，堪称强劲的新晋时尚力量。GANNI总部设于哥本哈根，运用品牌鲜明的特点，致力于为每位女性提供个性的时尚单品。GANNI可谓是北欧风格2.0版本，充满了具有北欧格调且别出心裁的细节。GANNI的使命简洁明了：为衣橱添置便于穿搭的必备单品。其设计充满俏皮精神，以趣致花卉、个性印花、荷叶边饰等征服了众多时尚达人的心，尤其以飘逸连衣裙、个性T恤与短靴而备受追捧。

2015年，GANNI迎来了自己第一场社媒推广小高潮。一位著名的美国演员发了一张和丹麦模特、前维密天使的自拍，两个人都穿着GANNI，还自发地在配文里加上了#GanniGirls的话题标签（hashtag），给当时名不见经传的GANNI带来了不少曝光量。机智的GANNI立刻注意到了KOL效应，开始采取进一步行动。它成功联系了（主要以赠送产品的方式）多名拥有数十万粉丝的北欧时尚博主和丹麦模特，并让她们在社交媒体上晒出自己的GANNI造型，并在配文里加上话题标签 #GanniGirls。结果反响热烈，#GanniGirls 也成了时尚弄潮儿们争先恐后用起来的标签。接下来事情水到渠成，几位嗅觉敏感的重量级时尚圈带货达人也纷纷穿上GANNI“出街”，一时间GANNI声量销量暴涨。

在KOL策略上，GANNI还提供了另一种思路：和小博主合作。虽然和头部网红合作的数据看起来很漂亮，但真正的转化效果未必比小博主强。GANNI深谙此道，并成功为品牌发掘出一批能带来有效转化量的小博主，有的甚至只有几千名粉丝。其中的道理不难理解，相对于一线网红，这些博主和他们自己的粉丝关系更亲密，也更能让粉丝产生共鸣。

差不多同一时间，嗅觉同样敏感的电商买手们也发现了GANNI。2016年，MyTheresa成为第一家上架GANNI的国际电商。激动万分，怀着感恩之心的GANNI专门为此推出名为 My Love Theresa的胶囊系列。其他国际电商平台快速跟上脚步，在自己的网站上推出了这个越来越红的品牌。GANNI的表现也没让电商网站们失望，它的新品系列经常一上架就被抢光，不得不反复补货。

跟很多事情一样，原始积累一旦完成，不必费太多力气，资源就会自己源源不断地找上门来。2017年，资金也来了，私募基金买下了GANNI 51%的股份，开始更专业的运作，打算把这个丹麦品牌推向国际市场。而到2018年，GANNI已经有了自己的美国办公室，并在同年5月正式上线了美国版电商网站，有条不紊地实践着国际化战略。

（资料来源：Annstand，不做太拼的品牌，GANNI说随性一点刚刚好，SocialBeta，2018–09.）

【问题讨论】

1. GANNI是如何从一家小企业成长到如今国际化的时尚品牌？

2. GANNI的产品设计有何特点？

二、综合能力训练

团队项目：结合背景企业（当地某一开展国际市场营销的企业）实际，为其进行国际市场新产品开发策划。

【实训目的】

通过该训练的操作，使学生能够结合国际市场营销企业实际，全面理解产品整体概念内涵，掌握国际整体产品设计与策划的方法与技能，并能够为背景企业作出合适的国际新产品开发设计决策。

【实训要求】

以学习型项目团队为单位进行项目实训，明确内部分工。以各团队为单位与当地一家开展国际市场营销的企业进行联系，确定研究对象。

【实训操作步骤】

1. 收集、整理、分析资料。

● 通过实地走访、网络调研等途径收集、掌握背景企业近几年来开展国内外市场营销活动的情况；

● 通过网络调查、案头资料收集等多种途径，了解背景企业欲进入的国际目标市场的营销环境；

● 通过多种途径查阅国内外同行业相关产品资料及最新动态，确定新产品发展方向；

● 了解国内外及国际相关组织关于拟开发新产品的有关政策法规及执行标准；

● 通过收集的资料，整理分析该背景企业国内外市场营销状况及其国际目标市场的营销环境。

2. 集体讨论，形成新产品构思。

以团队为单位进行讨论，研讨中心围绕国际整体产品的三个层次。

● 研讨形成拟开发新产品的核心层次、有形层次和附加层次；

● 对产品有形层次的产品品质、特色、式样、品牌与包装等提出具体的设计构思；

● 形成附加产品独特的服务方案；

● 根据国际市场新产品发展趋势，提出切合实际的潜在产品设计方案，为新产品的后续系列开发与持续发展留下空间。

3. 国际新产品开发整体方案设计。

● 在反复研讨的基础上，各团队形成背景企业新产品开发的具体方案，方案要具有可操作性；

● 进一步评议、修订国际新产品开发方案，形成最终的较合理的方案。

4. 策划方案提交。

各团队提交格式规范的《××企业国际新产品开发策划方案》，包括：

● 策划任务概要，旨在阐述策划的对象与策划背景；

● 国际市场环境分析，主要包括国际市场需求分析、市场竞争状况分析、市场营销机会分析等；

● 背景企业（当地一国际企业）状况分析；

● 国际新产品整体设计方案。

5. 实训成果汇报、评议、成绩综评。

- 各团队推选一名代表采用PPT形式进行实训成果汇报；
- 同学互评，教师进行适当点评并进行实训总结；
- 教师对各团队及各成员进行综合成绩评定。

【实训成果】

《××企业国际新产品开发策划方案》。

【实训考核】（百分制）

评分维度	信息的处理与应用	知识的应用性	分析的逻辑性	创新性	实训文本	演讲者仪容仪态	答辩	团队分工合作
百分比	10	15	15	18	10	10	10	12
得　分								

项目七

国际市场营销价格策略制定

学习目标

※ 知识目标

· 了解国际市场营销产品定价的影响因素

· 掌握国际市场营销产品定价的不同方法

· 了解国际市场营销产品定价的各种策略

※ 能力目标

能结合背景企业实际，运用合适的定价方法与策略，为该企业进行国际市场营销产品定价，并能根据国际目标市场营销环境的变化科学地调整产品价格

※ 素养目标

通过本项目的学习，培养学习者良好的自主学习与合作学习能力，使学习者的价格分析能力、创新能力、书面表达与口头表达能力、团队协作能力等方面得以提升

【开篇案例】

5 000日元一杯的咖啡

位于日本东京滨松町的东森（TOMSON）咖啡店推出了一个高价咖啡广告："本店供应5 000日元一杯的咖啡，欢迎各位光临品尝。"这在东京消费者中间引起了强烈反响，大家都觉得不可思议，因为当时连顶级的蓝山咖啡也只有3 000日元/杯。5 000日元/杯的咖啡价格是平常100日元一杯的咖啡价格的50倍呢！就连那些挥霍惯了的富人们也觉得太贵了！它的味道一定不错！很多人决定去尝尝看。

"卖5 000日元一杯的咖啡肯定让老板赚了不少"，这是人们的共识。可事实上老板的盈利并不多。因为喝完咖啡后，店员就将咖啡杯包好送给顾客了；这个盛咖啡的杯子可是正宗的法国货，价格昂贵；而咖啡呢，由店里花高薪请名厨精心调制，味道纯正可口，芳香醇厚。另外，店堂的布置也相当考究，豪华典雅，如同宫殿一般。身着古代服饰的侍女态度谦和，服务周到。顾客虽然花了5 000日元的高价，但也享受到了温馨的服务。

东森咖啡店为什么这样做呢？老板森之郎道出了其中的奥秘："卖5 000日元一杯的咖啡是不赚钱的。我们要靠卖其他便宜的饮料来维持。然而，这5 000日元一杯的咖啡却能吸引成千上万的好奇顾客光临。"精明的店老板有一套自己的生意经：推出赚钱少的高价咖啡，只是一个诱饵，而每杯100日元的咖啡、果汁和汽水才是真正赚钱的饮料。好奇而来的顾客们觉得这里的东西货真价实，各种档次都有，店厅环境豪华气派，所以无论是富有的大款还是一般的消费者都乐于光顾。这家店的生意从此火爆起来。

东森咖啡店5 000日元一杯咖啡的定价远远超过了其本身的价值，但是吸引了无数的消费者，不仅满足了消费者的需求，也为企业作了宣传。企业产品价格是影响市场需求和购买行为的主要因素之一，关系到企业的经济效益和市场竞争地位。如果企业产品的定价方法与策略得当，会显著地促进产品销售，提高市场占有率，增加产品的市场竞争力。

（资料来源：日本新华侨报网，有修改。）

任务 1
影响国际市场营销定价的主要因素分析

7.1.1 企业定价目标

定价目标是企业国际经营目标的具体体现，也是影响企业国际市场营销产品定价的重要因素。跨国经营企业在从事国际市场营销活动中，会根据国际市场的具体状况与企业实际选择不同的定价目标，从而影响企业国际市场营销产品的定价。

一般而言，企业的定价目标主要有以下三个方面。

1. 当期利润最大化

当期利润最大化定价目标就是企业将实现利润最大化作为本期的经营目标。为了避免目标市场国的风险，企业希望以最快的速度收回投资并获取最大利润，往往希望制定一个能使当期利润最大化的价格。这种价格往往是较高的价格。

2. 提高市场占有率

国际市场占有率是指企业某种产品的国际市场销售量占同类产品国际销售量的比重。市场占有率是企业经营状况和产品竞争力的重要体现，与企业利润存在很强的相关性。从长期来看，较高的市场占有率必然带来较高的企业利润。高市场占有率伴随的大量销售行为会导致生产经营成本的持续下降，从而使企业获得更大的国际市场竞争优势。因此，基于追求高市场占有率的定价目标，企业往往会制定尽可能低的产品价格。

3. 维持企业生存，避免市场竞争

企业如果经营不善，或因为面临激烈的国际市场竞争，顾客需求偏好发生了转移，进而导致市场销售不畅，产品大量积压、资金难以周转时，企业为了维持生存，保持自身的持续经营，必须制定较低的产品价格。企业往往采取大规模的价格折扣刺激市场需求和打击竞争对手，以扩大市场销售量。只要在其较低的价格下，产品销售额能弥补可变成本和部分固定成本支出，企业生存便可得以维持。

7.1.2 产品成本

成本是制定价格的重要依据，也是企业进行国际市场营销产品定价的底线。国际市场营销定价与国内市场售价相比，需要考虑更多更复杂的成本因素。因此，企业在制定国际市场营销产品价格时，首先要估算国际市场产品成本的构成，既要考虑产品出口前发生的成本费用（包括生产成本、流通环节费用等），还要考虑产品出口后发生的一切费用及各种风险成本。出口产品的成本构成见表7-1。

相关链接7-1：
亚马逊产品定价策略

表 7-1　出口产品的成本构成

成本类型	构成项目
生产成本	● 国际产品的生产总成本 ● 出口产品适应性调整的附加成本 ● 新产品研发成本、管理成本等
销售成本	● 国内运输费用 ● 国际货物运输时产生的运输费、保险费、包装费、装卸费、储存费等 ● 进出口关税、报关费、商检费、进出口许可证费等 ● 进口国征收的消费税、交易税、增值税、零售税等 ● 目标市场国中间商费用 ● 国际市场营销企业直接在目标市场国设立分销机构的费用等
风险成本	● 国际金融市场汇率风险 ● 目标市场国通货膨胀风险 ● 国际市场的商业纠纷风险等

1. 分销成本

产品或服务从本国生产者转移到目标市场国消费者手中，需要经过相应的中间环节，因此会发生相应的运输费用和中间商费用。运输成本主要受产品产地与最终目标市场之间地理距离的远近及运输难易程度的影响，海运、陆运、空运等都会增加保险、包装、装卸等项目的费用。

中间商费用主要受目标市场国的市场分销体系与结构的影响。若目标市场国的分销渠道较长，中间商负担的产品储运、促销等营销职能的成本就会比较高，企业支付中间商的佣金等费用也会相应增加。反之，则中间商费用就会降低。

2. 关税及各种税费

关税是指进出口商品经过一国关境时，由政府设置的海关向进出口商所征收的一种税。关税按商品流向可以分为进口税、出口税和过境税。目前，世界各国为了鼓励出口，增加国家财政收入，通常不征收出口税，而是以征收进口税为主。关税是国际贸易最普遍的成本之一，对进出口货物的价格有直接的影响。

此外，许多国家对进出口商品征收消费税、交易税、增值税、零售税等税款，以及国际贸易中的进出口许可证、报关与商品检验检疫等费用。这些税费在很大程度上提高了国际市场产品的最终成本，从而影响产品在目标市场国的最终售价与市场竞争力。

3. 通货膨胀

在高通货膨胀的国家进行国际市场营销活动，必须考虑通货膨胀对产品成本的影响，成本可能比价格上涨得更快，而且政府往往为了抑制通货膨胀会对市场价格和外汇交易进行严格管制。处于通货膨胀时期的产品的生产成本和流通费用会随之增加，如果进口国通货膨胀率上升，出口产品若还保持原有市场售价，就可能出现产品售价低于实际总成本的现象。因此，企业必须做好目标市场国的产品成本、价格及通货膨胀率的预测，在长期合同中订立价格调整条款，并尽量缩短向进口方提供信用的期限。

4. 汇率成本

国际贸易中经常面临的问题之一是汇率波动，跨国经营企业进行国际市场营销产品定价必须考虑汇率波动所带来的风险成本。跨国公司会因国际汇率浮动而获得额外利润，也会因国际汇率波动而损失。国际金融市场实行浮动汇率制度后，国际主要货币之间的比价变动令人们很难预测某种货币未来的确切价值。

为此，国际市场营销企业应积极采取对策来减缓或避免汇率波动所带来的成本压力。如选择合适的支付货币、订立外汇保值条款、通过办理保险转移外汇风险等。

7.1.3 市场因素

1. 国际市场需求状况

产品最低价格取决于产品的成本费用，最高价格取决于产品的市场需求状况。国际市场需求是国际市场营销产品定价的重要依据之一，影响国际市场产品需求的因素很多，主要有目标市场国的经济发展水平、居民收入水平、消费者的消费观念、消费偏好与消费习惯等。

2. 国际市场竞争状况

企业在进行定价时，往往会根据生产该产品或服务的成本费用确定其最低价格，而根据目标市场的需求状况确定产品或服务的最高价格，这两个价格为产品或服务价格的下限和上限。而在下限与上限之间企业产品价格水平如何，取决于国际市场上竞争对手的同类产品或服务的价格水平。

根据市场竞争程度的差异，可将市场竞争结构划分为完全竞争、不完全竞争、寡头竞争和完全垄断四种类型。

（1）完全竞争。在完全竞争条件下，市场上有众多的买者与卖者，单个买者购买量或单个卖者销售量都无法影响产品市场价格；不同厂商的产品是同质的，完全可以互相替代；买卖双方对市场信息的掌握是完全对称的。显然，在这种市场结构下，产品的市场价格是由整个行业的国际市场产品供求关系决定的。任一国际市场营销企业随意提高产品价格，则必然导致国际市场上企业产品市场需求量的减少；随意降低产品价格，则会引起自身国际市场利润不必要的流失。

一般而言，完全竞争市场在现实经济生活中是不存在的，不过就市场特征而言，国际上的农产品市场、轻纺产品市场等，比较接近完全竞争市场。

（2）不完全竞争。不完全竞争市场又称垄断市场。在这个市场中存在着大量生产相似或同类产品的厂商，每个厂商既是垄断者也是竞争者，对自己产品的国际市场价格有一定程度的影响力，已不再是价格的“接受者”，而是强有力的价格“决定者”，但从长期看，并不会对其他厂商制定价格造成太大影响。

（3）寡头竞争。寡头竞争是指少数几家厂商控制整个市场产品的生产与销售的一种市场结构。在这种市场结构下，各家寡头企业是相互依存、相互影响的，任何一家寡头企业如果想独自调整价格，都会导致其他几家企业迅速而有力的反应，从而难以独自奏效。因此，任何一家寡头企业作出决策时都必须密切注意其他寡头企业的反应和决策。在无差异的寡头市场，市场价格的制定是由几家寡头的产品供应与市场需求的平衡所决定的。在有差异的寡头市场，寡头企业的定价自由度很大，如果寡头勾结，则市场价格可能会被寡头组织完全操纵。

（4）完全垄断。完全垄断是指某种产品或服务的行业市场完全被一家厂商所控制的市场状态，市场上没有任何替代品。这类厂商往往是因为独占资源、享有专利权、政府特许经营、自然垄断等原因而处于完全垄断地位的。在完全垄断的市场环境下，垄断厂商享有很大的产品定价自由度，可以定很高的国际市场价格，但往往受目标市场国消费者的接受程度、政府的允许程度等因素的影响。

任务 2
国际市场营销定价方法分析

7.2.1 成本导向定价法

成本导向定价法是一种主要依据产品成本决定其销售价格的定价方法。这种定价方法简单、易用，是国内外企业最常用、最基本的定价方法。常用的成本导向定价法主要有以下三种。

1. 成本加成定价法

成本加成定价法是一种传统的产品定价方法，主要以产品总成本为基础，再加上一定比例的利润来确定产品价格。计算公式为：

$$单位产品价格=单位产品总成本\times(1+成本加成率)$$

式中，单位产品总成本=单位产品固定成本+单位产品变动成本。

这种定价方法的关键是确定企业的成本加成率。

【例7-1】

某公司生产2 000台电冰箱，总固定成本为400万元，每台电冰箱的变动成本为1 500元，目标利润率为20%，则采用成本加成法确定电冰箱售价的过程如下：

已知每台电冰箱的固定成本为2 000元，每台电冰箱的变动成本为1 500元，则每台电冰箱的总成本为3 500元，假设目标利润率就是该公司的成本加成率，由此可以求出每台电冰箱的市场售价为4 200元，即：3 500×（1+20%）=4 200（元）。

2. 目标利润定价法

目标利润定价法又称目标收益定价法，是根据企业的总成本和计划总销售量，加上按投资收益率制定的目标利润率，并以此作为产品市场售价的定价方法。这种方法是生产者导向的产物，只考虑企业自身利益，忽视了市场需求和竞争的动态性，并且是先估计产品市场销售量，再通过计算确定产品价格，把销售量看成是价格的决定因素，颠倒了价格与销售量的因果关系。但是在实际中，价格的高低反过来对销售量有很大影响。

一般而言，对于大型公用事业、劳务工程、服务项目和市场占有率高的垄断性产品等情况，目标利润定价法仍为一种有效的定价方法。

3. 边际成本定价法

边际成本定价法是指产品售价以边际成本为基础，所定价格或预期收益应该大于边际成本或可变成本。计算公式为：

单位产品售价=单位产品变动成本+单位产品边际贡献

式中，单位产品变动成本=总变动成本/总销售量；

单位产品边际贡献=总边际贡献/总销售量。

边际成本定价法是以单位产品变动成本作为定价依据和可接受价格的最低界限，不考虑价格对总成本的补偿，只考虑价格对变动成本的补偿，并争取更多的边际贡献来补偿固定成本。这种定价方法的基本思想是：产品售价只要高于可变成本即可获益，并可用来补偿可能的固定成本；即使价格等于可变成本，企业没有任何收益，也可以维持企业存续。

【例7-2】

义乌某服装厂生产2 000条领带出口，其固定成本为20 000元，每条领带的单位变动成本为0.5元，预期利润率为30%。

（1）以总成本为定价基础，其计算过程如下：

固定成本：20 000元

变动成本：2 000×0.5 = 1 000（元）

总成本：20 000 + 1 000 = 21 000（元）

利润：21 000 × 30% = 6 300（元）

总成本加利润：6 300 + 21 000 = 27 300（元）

领带单价：27 300/2 000=13.65（元）

（2）以边际成本为定价基础，其计算过程如下：

以边际成本为定价基础不需要考虑固定成本，假设其边际收益为10 000元，则：

变动成本：2 000 × 0.5 = 1 000（元）

边际收益：10 000（元）

领带单价：（1 000 + 10 000）/2 000 = 5.5（元）

上例中，与13.65元的原价相比，5.5元的售价一定会使企业亏本，但是在国际市场上按原价出售很有可能会造成企业产品滞销、积压，企业损失更大。而以5.5元的价格出售，获得的边际收益10 000元可以弥补一部分固定成本，减少企业损失。但是，以过低的价格在国际市场上出售产品有可能被指控为不正当竞争或者导致竞争者的报复；而且在某些国际市场上，以过低的成本价格销售产品则会被进口国认定为“倾销”，产品价格反而会因为附加一部分“反倾销税”而上升，这样就丧失了使用边际成本定价法的意义。

7.2.2 需求导向定价法

需求导向定价法是指，企业以市场对产品的需求强度和消费者对产品价值的理解程度为依据，来确定产品价格。这种定价方法的基础是市场消费者可以接受的产品销售价格水平。需求导向定价法主要有以下两种。

1. 感受价值定价法

感受价值定价法也叫作认知价值定价法，是根据消费者对产品价值的认识程度而非产品成本来制定价格的一种方法。感受价值是弹性的，是消费者对产品价值的一种感知或感受。消费者认为产品的“价值”有多大，企业就可以定多高的价格。这种定价方法的关键是企业能否运用市场营销组合中的非价格因素增强产品在消费者心目中的价值感受，并能准确地估算产品在消费者心目中的全部感受价值，然后制定这一感受价值的产品售价。

感受价值定价法如果运用得当，会给企业带来很大益处。但要有效地运用这种定价方法，关键是找到顾客比较准确的产品感受价值，否则过高或过低估测的感受价值，都会给企业造成损失。

【例7-3】

杜邦公司针对该公司的某一化学品的定价设计了感受价值定价组合以供客户选择，如表7-2所示。

表7-2 杜邦公司的感受价值定价

性质	标准水平	溢价水平	附加价值（增加的价格）
质量	杂质含量低于百万分之十	杂质含量低于百万分之一	$ 1.40
价格	每磅[①]100美元	每磅105美元	$ 5.00
送货	两星期内送达	一星期内送达	$ 0.15
创新	研究开发支持少	高水平研发支持	$ 2.00
内容	只提供化学品	提供全部系统	$ 0.80
培训	只有最初的培训	按要求再培训	$ 0.10

2. 倒推定价法

倒推定价法是指先根据国外市场上同类产品的价格估算本企业产品在国外市场上的零售价格，再扣除各种中间环节费用（如中间商费用、关税、运费等）倒推出产品的出厂价格，最后与成本相比较，确定产品市场售价的定价方法。

7.2.3 竞争导向定价法

竞争导向定价法是以市场上竞争对手的价格作为定价的基本依据，并随市场竞争状况的变化不断调整企业产品价格的一种定价方法。竞争导向定价法主要包括以下三种。

1. 随行就市定价法

随行就市定价法是企业以国际市场上本行业产品的平均市场价格水平作为定价的标准，保持本企业产品价格与市场上竞争者的同类产品的价格相近。企业可以根据自己产品与竞争者产品的差别来确定一个略高于、略低于或相似于竞争者产品价格的价格，这样既可减少市场竞争的风险，又可以为企业带来适度利润。

一般而言，随行就市定价法是国际市场上同质产品惯用的定价方法，如小麦、茶叶、大豆、咖啡、石油等产品，其国际市场价格就是经过众多买主和卖主的多次交易达成的，基本上是标准价格，企业只需要随行就市定价即可。

① 1磅=0.453 6千克。

2. 主动竞争定价法

主动竞争定价法是企业根据自身的实力以及与竞争对手产品的差异状况，为本企业的产品确定一个高于、低于或与竞争者价格相一致的产品价格。这是在一定时期、一定市场范围内以打击竞争对手，取得更大的市场份额为主要目标的定价方法。

当国际市场上经营同类产品厂商较多，市场份额不太集中时，规模大的企业常常采用主动竞争定价法来蚕食实力相对弱小的企业的市场份额。

3. 投标定价法

投标定价法主要用于招投标交易方式，是指跨国经营企业在参加国际招投标交易时，要估测竞争对手的报价，并争取以比估测的竞争对手价格更低的报价中标。

为了提高中标率，投标企业在确定自己的投标报价时，首先要考虑的是竞争对手的可能报价，本企业的成本估算倒是次要的。投标定价法通常用于国际市场上的建筑工程承包、大型机械设备采购、政府采购等方面。

任务 3 国际市场营销定价策略制定

7.3.1 心理定价策略

心理定价策略是指企业在进行定价活动时研究消费者购买时的心理行为，根据购买心理有意将价格定得高些或者低些，用来诱导消费者进行购买，进而扩大销售量的定价策略。不同的企业，面对不同的消费群体，应该采用不同的心理定价策略。

1. 撇脂定价策略

撇脂定价是指企业在新产品上市之初制定的价格远远高于产品成本，以期短期内攫取高额利润，尽早收回投资，如同从鲜奶中撇取奶油一样。这种定价策略便于企业快速收回投资，进行市场价格调整，同时也便于企业把市场需求控制在一定范围内。

从国际市场营销实践来看，撇脂定价策略往往需要具备以下几个条件。

① 市场上存在购买能力强但是对价格不敏感的消费者群体。

② 企业产品品牌在市场上积累了较大的影响力，拥有忠实的消费群体。

③ 竞争对手未推出相似的产品，企业产品在市场上具有差异化的优势。

④ 竞争对手进入同一市场时，企业可以灵活地转换定价或进行产品升级。

2. 渗透定价策略

渗透定价策略是指企业为投入目标市场的新产品制定较低的价格，以吸引大量顾客购买，在短期内扩大市场占有率，同时用低价优势阻碍新的竞争者进入市场的一种定价策略。

渗透定价策略能使企业的产品迅速占领国际市场，并有效地阻碍新竞争者的进入。但低价策略不利于企业尽快收回投资，阻碍产品价格将来的提升，并可能给消费者造成“低价低质”的印象，不利于塑造产品的国际品牌形象。

采用市场渗透定价策略需要满足以下三个条件。

① 企业产品在国际市场上有足够大的市场需求。

② 与产品品牌相比，消费者更为关注价格的高低，对价格的变动极为敏感。

③ 企业必须通过大量生产产品才能产生显著的成本经济效益。

3. 整数定价策略

整数定价与尾数定价相反，即按整数而非尾数定价，是指企业把原本应该定价为零数的产品价格定为高于这个零数价格的整数，一般以“0”作为尾数。这种定价策略实质上是利用了消费者的按质论价心理、自尊心理、炫耀心理与求便心理。

整数定价策略通常适用于一些高档商品或奢侈品，以及快餐、速食等方便食品。

4. 尾数定价策略

尾数定价又称为零头定价，是指企业根据消费者求实、求廉的心理，给产品确定一个以零数结尾的价格。如198元、1 999元等。这种定价策略会给顾客带来价格低廉的感觉，还会使顾客觉得产品价格是经过精确计算制定的，进而产生信任感。

5. 声望定价策略

声望定价是企业利用买者求名的心理，给企业产品确定一个明显高于市场其他同类产品的价格。这种定价策略适用于名牌产品、高档产品、高级工艺品、礼品、具有鲜明的地方特色或民族特色的手工艺品等。

7.3.2 差别定价策略

差别定价是指企业根据顾客、时空、产品等因素的不同而产生的市场需求差异，为同一产品制定不同价格的一种定价策略。在这种定价策略下，同一产品的市场售价的差异不是因为产品的成本差异引起的，而是由消费者的需求差异决定的。

企业在国际市场上实行差别定价策略，需要具备以下几个条件。

① 差别定价必须符合目标市场国的相关法律法规及政策，符合该市场国人们的习惯。

② 各细分市场有不同的需求弹性，且顾客对产品的需求有明显的差异。

③ 市场之间相互独立，即低价市场和高价市场之间是相互独立的，彼此不能进行交易，否则低价市场的购买者会将其低价购进的商品在高价市场上出售，使企业差异定价无法实现。

④ 顾客心理上确实认为产品存在差异。

1. 顾客差别定价

顾客差别定价是指企业将同一产品以不同的价格销售给不同的顾客。这种定价策略的一个必要条件是，顾客必须是能够被区分的。如自来水公司按用途将水分为生活用水和生产用水，并收取不同的水费。

2. 产品差别定价

产品差别定价是指企业根据产品的不同款式、不同规格、不同功能而制定不同的价格。如一些企业把同一产品进行不同的改进后，分别冠以“普通”“豪华”“超豪华”的价格级别，以吸引不同经济实力的顾客购买。

3. 空间差别定价

空间差别定价是指企业根据买者所处的地理位置的不同制定不同的价格。企业采用这种定价策略的主要原因是，因空间距离的远近差异而引起运输费用的不同。

4. 时间差别定价

时间差别定价是指企业根据顾客需求时间的不同而对同一产品制定不同的价格。如电力公司把电费分成波峰电费和波谷电费，二者之间价格相差一倍。但时间差别定价策略只能在不同时间对产品有明显不同的需求强度的情况下才能采用。

7.3.3 产品组合定价策略

产品组合定价策略包括系列产品定价策略和互补产品定价策略。

相关链接7-2：
“价格锚点”
定价策略

1. 系列产品定价策略

系列产品定价是指企业把不同规格、不同款式、不同花色、不同档次的同类或类似产品按其价格弹性的大小分别定价的一种定价策略。一般而言，价格弹性大的产品定低价，价格弹性小的产品定高价。

2. 互补产品定价策略

互补产品是指需要彼此配套购买使用的产品。如数码照相机的互补产品是存储卡。企业在制定互补产品价格时，通常有以下做法。

（1）为主体产品制定较低的价格，为辅助产品制定较高的价格。这种定价策略适用于主体产品市场竞争激烈，而辅助产品市场缺少竞争或竞争环境相对宽松的情况。企业决策者的目的是试图通过高价出售辅助产品来弥补因主体产品低价而产生的损失。

（2）企业为主体产品制定较高的价格，为辅助产品制定偏低的价格。这种定价策略是为了满足重视产品售后服务、安装维修的顾客的需求。

7.3.4 折扣定价策略

折扣定价策略是指企业根据目标市场的产品需求与产销实际，对既定产品价格进行适当比例的减让以促进产品销售的一种定价策略。常用的折扣定价策略主要有以下几种。

1. 数量折扣

数量折扣是企业给予大量购买某种产品的顾客的一种价格减让优惠，以鼓励顾客更多地购买货物。一般企业按购买数量的不同，给予不同的折扣。

数量折扣有两种方式：一种是累计数量折扣，即规定消费者在一定时期内购买产品的总量达到一定数额时，按总量给予一定的折扣。该方式鼓励顾客与企业建立长期、稳定的关系，便于培养企业忠实客户，主要应用于中间商购买。另一种是非累计折扣，即只按一次购买产品数量的多少给予折扣。该方式主要是鼓励顾客大量购买，以利于降低产品的单位成本，加速资金周转，主要应用于最终消费者或用户。

2. 现金折扣

现金折扣是指企业根据顾客不同的付款方式和付款时间按原产品价格给予一定的价格折扣，以加强企业的收现能力，降低呆账和信用成本。如某商品的交易条款注明“2/20，Net40”，表示付款期限是40天，如果客户能在20天内付清货款，便可享受2%的折扣。

3. 功能折扣

功能折扣又称贸易折扣，是企业为了补偿中间商在产品分销过程中承担了诸如产品储运、装卸、包装、加工、销售等业务功能，而给予中间商的一种额外价格折扣。企业常常根据中间商在产品分销过程中发挥的功能、作用的不同，在交易时给予不同的价格折扣。通常情况下，企业给予批发商的折扣大于给予零售商的折扣。如生产者报价为“1 000美元，折扣30%和10%”，则表示给零售商的折扣是30%，产品售价是700美元，而给予批发商的产品售价在此基础上再折10%，即630美元。

4. 季节性折扣

季节性折扣是指企业对购买季节性强的产品，在淡季时给予消费者一定比例的价格减让优惠，使企业的生产与销售在一年四季保持相对稳定。季节性折扣可以调节市场上产品的供需矛盾，鼓励消费者提早购买产品或增强消费者淡季购买欲望，使得企业淡季不“淡”，充分发挥生产能力。采用季节折扣策略，应充分考虑企业的生产成本、仓储费用和经销商的分布情况。

7.3.5 价格调整策略

价格调整策略主要包括企业提价策略和降价策略，它必须遵循必要的流程并产生实质的效果。

1. 提价策略

企业实施提价策略通常基于以下原因。

（1）产品生产成本增加，企业利润减少甚至已无利可图。这是企业实施提价策略的主要原因。当企业面对原材料价格上涨、生产成本增加、管理费用提高等情况时，为了使自身利润率不会因此而大幅度下降而采取提价策略。

（2）在发生通货膨胀时，企业为了减少损失，将损失转嫁给经销商和消费者，通常会采取提价策略。

（3）当市场需求旺盛，产品供不应求时，企业往往会通过提价策略获取高额利润，为扩大生产规模做准备。

（4）建立“一分价钱一分货”的市场定位，利用顾客价高质优的消费心理，企业通过提价在市场上制造名牌效应，提高企业及其产品的声望。

2. 降价策略

企业采取降价策略的原因主要有以下几个方面。

（1）因为企业生产能力过剩，产品积压，虽运用各种营销手段却仍难以打开国际市场销路而降价。

（2）国际市场竞争激烈，企业国际市场份额下降，企业为了打击竞争对手，扩大市场份额而降价。

（3）当企业在国际市场上占据较大的成本优势时，它会通过降价迫使那些利润较低或者保本经营的企业无利可图，最终退出竞争。

（4）企业为了促进产品更新换代，减少库存压力或者获得更大的生产规模，往往采取降价策略。

（5）企业因目标市场国的政治、经济、法律等不可控环境因素发生变化，而被迫降价。如一些国家政府为了遏制垄断，抑制不正当竞争，往往采取最高限价的政策，迫使企业下调价格。

【课堂活动7-1】

阅读以下案例，按要求进行分析讨论。

休布兰公司的对策

休布兰公司的史米尔诺夫伏特加酒，是一种占美国伏特加酒市场约三成的品牌，它受到另一种品牌华尔夫施密特的攻击：华尔夫施密特以低于史米尔诺夫的价格出售伏特加酒。在这种情况下，休布兰公司不仅没有降低史米尔诺夫的价格，反而把它的价格提高了，并把增加的收入投入广告宣传。同时休布兰建立了另外一种与之同价的品牌雷尔斯卡来同华尔夫施密特竞争，并且还生产第三种品牌波波夫，以低于华尔夫施密特的售价出售。

要求：分析讨论两个问题：①休布兰公司如何应对竞争对手的价格变化？②企业在面临竞争对手的变价时可以采取哪些对策？

组织形式：（1）以学习型项目团队为单位进行讨论。

（2）以团队为单位进行全班交流，教师点评。

考核要点：应对市场竞争者价格变化策略。

任务4 国际市场转移价格认知

7.4.1 转移价格的内涵

转移价格又称划拨价格，是指跨国公司根据其全球战略目标，在母公司与子公司之间、子公司与子公司之间相互约定的出口与采购商品、劳务和技术时所采用的内部交易价格。这种价格不受国际市场供求关系的影响，是跨国公司借以获取最大限度利润的一种手段，是一种人为的内部转账价格。

7.4.2 转移价格的功能

转移价格是跨国公司实现全球利益最大化的重要机制，其主要功能有以下几个方面。

1. 调拨资金

实行全球战略经营的跨国公司需要利用众多的资金市场，在整个公司体系内部各单位之间统筹资金额度，并希望尽快收回投资。但许多国家或地区在此方面有很多限制，为了规避管制，跨国公司常常利用转移价格的方法进行资金转移。常见做法有：

① 把资本从低利率国家转移到高利率国家；

② 利用对子公司高价售货或低价购买的方式，从子公司抽回资本；

③ 使各子公司对母公司的各项生产、管理、科研等支付高额费用等。

2. 减轻税负

世界各国的税率和税则差别很大。跨国公司可以通过转移价格降低高税率国家的纳税基数，增加低税率国家的纳税基数，从而减少跨国公司的整体税负。运用转移价格避税主要体现在所得税和关税两个方面。

就所得税方面而言，如果一国征收的所得税高，则跨国公司在向该国子公司出售货物时会提高转移价格，在把该国货物出售给其他国家的子公司时则降低转移价格。就关税方面而言，在将货物出售给高关税国家的子公司时，如果该国海关征收从价税和复合税，则可以降低转移价格，从而减少跨国公司的关税负担。不过，所得税和关税是构成企业税负总体的两个组成部分，减少关税和所得税有时是互相矛盾的。如果进口国所得税税率比出口国高，企业通常会通过提高转移价格减少所得税，但其结果会增加关税税额。所以，跨国公司要综合考虑企业所在国的所得税和关税情况，根据各种税率进行计算、分析、比较，制定使跨国公司整体利益最大化的转移价格。

目前世界上有许多“避税天堂”，如巴拿马、巴林、摩纳哥、汤加、列支敦士登、巴哈马群岛等，因其所得税极低而得名。世界上许多大型跨国公司在这些国家和地区设立子公司。当国外子公司之间进行贸易时，跨国公司先将货物以低价出售给“避税地”的子公司，再由该公司以高价转售给其他子公司，而实际货物并没有经过“避税地”的子公司，只是通过转移价格的形式在公司之间进行转账。这样便可达到减轻税负的目的。

3. 规避风险

跨国公司的全球经营面临诸多风险，如政治风险、经济风险、价格管制风险、通货膨胀风险等，跨国公司往往会利用转移价格来降低风险，以减少经营损失。具体做法有以下三种。

（1）对于汇率变动风险，跨国公司一般会采取货币转换、延付的方法来应对，但利用转移价格可以加强这种方法的有效程度，使风险进一步降低。

（2）对于政治风险，跨国公司最担心的莫过于子公司被没收或国有化。跨国公司常常通过转移价格对子公司使用抬高销售价格、索取高额服务费、压低子公司出口货物价格等办法，使子公司陷入财政赤字状态而成为一个空壳公司，从而将投资利润从东道国转移出去，将风险降至最低。

（3）对于价格管制风险，跨国公司利用转移价格可以避开东道国的价格管制所带来的风险。当跨国公司面临东道国的“倾销”怀疑或指控时，公司可以尽量降低原材料、零配件等生产原料的供应价，以减少产品成本，使其较低的价格成为东道国政府所认为的“合理”价格；而当东道国政府认为跨国公司的产品或服务价格过高、利润过多时，跨国公司可以对位于东道国的子公司尽可能地提高生产资料供应价格，以增加产品成本，使较高的产品价格成为东道国政府认为的“合理”价格，这样会有效地规避东道国的价格限制与监督。

4. 获取竞争优势

转移价格是跨国公司获取国际市场竞争优势的重要手段。当跨国公司进一步开拓国际市场在国外新建子公司，或面临国际市场的激烈竞争时，往往会凭借整个公司体系的资金、资源等实力，利用转移“低价”，向新建子公司供应价格低廉的原材料、零配件、劳务等，降低子公司的生产成本，使其拥有价格优势，并以高价买进子公司产品，使子公司拥有较高的利润率，帮助子公司迅速打开市场局面，以此打击竞争对手，争夺和控制市场。

【课堂活动7-2】

面对越来越多的针对中国产品的反倾销诉讼，我国企业在国际市场营销的产品定价中应该注意哪些问题?

要求：结合近年来我国企业在国际市场遭到的反倾销诉讼，运用国际市场营销定价方法、策略等相关知识进行分析讨论。

组织形式：（1）以学习型项目团队为单位进行讨论。

（2）以团队为单位进行全班交流，教师点评。

考核要点：国际市场营销定价策略规避反倾销诉讼的作用。

活动设计

应知训练

一、名词解释

需求导向定价法　竞争导向定价法　撇脂定价策略　转移价格

二、单项选择题

1. 在生产经营规模范围内，不随产品种类和数量的变化而变化的成本费用是（　　）。

A．不变成本　B．可变成本　C．固定成本　D．变动成本

2. 任何企业对产品的定价，首先考虑使总成本费用得到补偿，这就要求价格不能低于（　　）。

A．固定成本　B．变动成本

C．固定成本加变动成本　D．边际成本

3. 对那些在消费者心目中有较高声誉并产生信任感的商品，企业适宜于采用（　　）策略。

A．整数定价　B．尾数定价　C．声望定价　D．习惯定价

4. 制造商为了促使批发商或零售商发挥其作用，执行某种市场功能而给予一种额外折扣，这种折扣方式称为（　　）。

A．促销折扣　B．功能折扣　C．数量折扣　D．现金折扣

5. 随行就市定价法最适宜于（　　）的商品。

A．有特殊需求　B．无特殊需求

C．大宗采购　D．消费者对商品有特殊偏好

三、多项选择题

1. 影响企业产品定价的因素有（　　）。

A. 定价目标　B. 成本

C. 市场需求　D. 国家法律和政策

E. 竞争对手的价格和产品

2. 折扣定价策略一般包括（　　）。

A. 交易折扣　B. 季节折扣　C. 数量折扣

D. 现金折扣　E. 促销折扣

3. 企业定价目标主要有（　　）。

A. 提高市场占有率　B. 利润最大化

C. 维持生存　D. 预期投资收益率

E. 适应价格竞争

4. 下列属于需求导向定价方法的有（　　）。

A. 成本加成定价法　B. 目标利润定价法

C. 理解价值定价法　D. 差别定价法

E. 随行就市定价法

5. 新产品定价策略一般有（　　）。

A. 撇脂定价　B. 渗透定价　C. 满意定价　D. 理解定价

E. 目标定价

四、判断题

1. 撇脂定价和渗透定价属于新产品定价策略。（　　）

2. 目前一些国家或地区的电力供应部门对用电费用采取分时制，即在晚上10时到第二天早上6时按照半价收取电费，这种定价策略属于理解价值定价法。（　　）

3. 如果是需求弹性很小的产品，企业提高产品售价，则可以增加收益。（　　）

4. 在投标定价法中，企业报价的依据是成本费。（　　）

5. 尾数定价策略给顾客以价格公道之感。（　　）

应会操练

一、思维能力训练

【实训名称】

案例分析：特斯拉的定价策略与影响因素

【实训目的】

通过该训练任务，有助于学生：

1. 更好地掌握国际市场营销产品的定价方法与定价策略；

2. 运用国际市场营销产品定价的相关知识分析企业营销活动，有效地将知识转化为技能，提高学生分析问题、解决问题的能力。

【实训步骤及要求】

1. 教师选择恰当案例，拟订需要讨论分析的问题；

2. 确定案例训练组织形式：学习型项目团队讨论会（6~8人）；

3. 教师主持课堂案例讨论，各团队选出一名代表阐述本公司的分析要点；

4. 教师进行最后的点评与总结；

5. 各团队在讨论分析案例的基础上按以下要求撰写、提交“案例分析报告”，字数1 000字左右，文字表述要精练、观点明确。

案例分析报告
时　间：
分析者：
班　组：
问题分析：
➢ 问题一：
➢ 问题二：

【实训考核】（百分制）

评分维度	资料的处理与应用	内容的充实性	知识的应用性	分析的逻辑性	创新性	报告文本	团队的分工合作
百分比	10	12	15	15	20	12	16
得　分							

【案例介绍】

特斯拉的定价策略与影响因素

特斯拉在全球范围内力求达到产品标准化。无论是高科技含量的车型生产、在各国的直销策略还是专门设置的遍布全球的充电站，特斯拉都致力于打造区别于其他品牌的独一无二的品牌特色。产品的标准化有利于其在全球范围内统一品牌调性，同时可以降低成本、改进质量，贯彻特斯拉高性价比的产品优势。

在多国成为“爆款”的Model 3，就是用特斯拉位于美国的高度自动化生产线生产的。为支撑Model 3的生产，仅2017年特斯拉就投资34.1亿美元购买房产和设备。在特斯拉位于中国上海的超级工厂建成后，大幅降低了美国工厂的生产压力，也使中国市场的产品价格得以降低。

1. 特斯拉的定价策略

（1）低价策略。2020年10月1日，特斯拉官网发布消息称，自即日起，中国制造的Model 3标准续航升级版的补贴后售价由27.15万元下调为24.99万元，较上次调价后下降了2.16万元；中国制造的Model 3长续航后轮驱动版的补贴后售价由34.40万元调价为30.99万元，下调了3.41万元。

特斯拉的利润模式是比较固定的，一旦上游或者其他环节的价格变化，就有可能触发价格调整的机制，这与特斯拉的定价、产能和销量预期都有很大的关系。特斯拉汽车进入中国市场以来，作为新能源汽车享受了特殊的优惠政策，在此基础上，特斯拉又不断研发先进技术、优化效能，以降低每辆汽车单价。

（2）渗透定价策略。特斯拉表示，为让更多中国消费者可以享受更优性价比的特斯拉产品，同时也满足中国新能源汽车的补贴要求，将国产Model 3标准续航版售价下调。

特斯拉渗透定价的举措和不断提升品质的策略，对国内同行的威胁逐渐增加。特斯拉的Model 3未来也许会像大众的帕萨特、丰田的凯美瑞一样流行，成为消费者的首要选择，完全进入主流市场。

2. 特斯拉的定价影响因素

（1）市场因素：特斯拉新能源汽车在国内的主要竞争对手是比亚迪和蔚来汽车，消费者在追求性价比的同时还要求汽车性能良好。在汽车品质和智能化程度上，特斯拉占据显著优势，并且特斯拉的降价策略也正合消费者心意。

（2）内部因素：特斯拉拥有其核心的电池管理系统，还不断开发先进技术、优化效能，使得其定价有很大的可调控空间。

（3）产品因素：2019年1月上海超级工厂正式开工后，相当一部分汽车开始本地化生产，而上海超级工厂的产量还会进一步增长，这使国产Model 3的利润率大幅提升。

（资料来源：陈佳文，王梓凝．特斯拉产品策略与价格策略分析．Black Space营销，2020-11.）

【问题讨论】

1. 结合国际市场产品定价知识，评价特斯拉的定价方法。

2. 特斯拉的定价策略对国际企业有何启示？

二、综合能力训练

团队项目：结合背景企业（当地某一家开展国际市场营销的企业）实际，为该企业在某一个国际目标市场的产品定价进行策划。

【实训目的】

通过该训练的操作，使学生：

1．加深对国际市场营销定价策略的认识，培养学生对国际市场产品定价的分析能力与判断能力；

2．掌握国际市场营销定价的方法与策略；

3．能够为背景企业针对某一国际目标市场的营销产品做出合适的定价策划，包括分析产品定价的影响因素、选择合适的定价方法、设计适当的定价策略、撰写国际市场营销定价策划方案等，提升学生的综合素质。

【实训要求】

以学习型项目团队为单位进行项目实训，明确内部分工。以各团队为单位与当地一家开展国际市场营销的企业进行联系，确定研究对象。

【实训操作步骤】

1．集体讨论。

以团队为单位进行讨论，研讨中心围绕国际市场营销定价目标、定价影响因素、定价方法的选择、定价策略的确定等。

2．收集、整理、分析资料。

● 通过实地走访、网络调查等途径收集、掌握背景企业近几年来开展国内外市场营销活动的情况；

● 通过网络调查、案头资料收集等多种途径，了解背景企业目标市场国的营销环境；

● 通过多种途径查阅国内外同行业相关市场信息资料及最新动态；

● 通过收集的资料，整理分析该背景企业国内外市场营销状况及其国际目标市场的营销环境。

3．国际市场营销定价整体方案策划。

● 在反复研讨的基础上，各团队形成背景企业国际市场营销定价的具体方案，方案要具有可操作性；

● 进一步评议、修订国际市场营销定价方案，形成最终的较合理的方案。

4．策划方案提交。

各团队提交格式规范的《××企业某一国际目标市场营销定价策划方案》，包括：

● 国际市场营销定价目标；

● 国际市场营销定价影响因素分析；

● 定价方法的选择及实际应用；

● 定价策略的确定及实际应用等。

5. 实训成果汇报、评议、成绩综评。

- 各团队推选一名代表采用PPT形式进行实训成果汇报；
- 同学互评，教师进行适当点评并进行实训总结；
- 教师对各团队及各成员进行综合成绩评定。

【实训成果】

《××企业某一国际目标市场营销定价策划方案》。

【实训考核】（百分制）

评分维度	信息的处理与应用	知识的应用性	分析的逻辑性	创新性	实训文本	演讲者仪容仪态	答辩	团队分工合作
百分比	10	15	15	18	10	10	10	12
得　分								

项目八

国际市场营销分销策略制定

学习目标

※ 知识目标

· 掌握国际分销渠道内涵与基本模式

· 了解影响国际分销渠道选择的因素

· 了解国际分销渠道中间商的类型

· 掌握国际分销渠道策略及渠道管理

※ 能力目标

能为背景企业选择并设计恰当的国际市场营销渠道模式

※ 素养目标

通过本项目的学习，培养学习者良好的自主学习与合作学习能力，使学习者的分销策略制定能力、创新能力、书面表达与口头表达能力、团队协作能力等方面得以提升

【开篇案例】

数字化环境下奢侈品牌的"全渠道营销"解决方案——以蒂芙尼为例

奢侈品电子商务不易做。蒂芙尼将自身品牌特点与全新的“全渠道营销”模式结合起来，突破了奢侈品的新时代困局，为品牌在电商时代的发展带来了新的启示。

全渠道营销是伴随着全渠道顾客群的崛起而出现的。数字化环境的迅速发展打造了一个信息极大透明化的时代，置身其中的顾客在搜集信息时使用的渠道也越来越多，与之对应的生产、支付、物流等渠道也越来越多样化。全渠道营销便是根据不同目标顾客的偏好匹配这些渠道的类型，通过营销定位正确组合营销要素以实现企业的目标。

蒂芙尼是一家珠宝腕表品牌，以其悠久的历史和华丽的设计著称，也是美国设计的象征。然而这一风靡了近两个世纪之久的奢侈品品牌，在互联网时代也出现了衰退。2015年，蒂芙尼出现了五年以来的首次销量下跌，关闭了11家门店。蒂芙尼的增长困局主要有两个原因：一是年轻一代的消费者将蒂芙尼看作是不同时代的奢侈品；二是忽视电商渠道和营销。针对这两大痛点，蒂芙尼进行了大胆变革。

1. 创意新品重塑品牌形象

蒂芙尼重新定义品牌形象，将目标人群锁定寻求自我认同的“千禧一代”，鼓励个性、创造性和自我表达。蒂芙尼认识到新一代消费者真正需要的是与众不同的自我，是个性化与定制化的新产品。2018年全新花韵系列展现了蒂芙尼高超的珠宝工艺，摒弃了传统奢华珠宝繁重的概念，打造为适合任何场合都可搭配的佩戴体验，牢牢抓住了千禧一代消费者的目光。又邀请倪妮作为中国区品牌形象代言人，其高贵清新自然的气质与新品花韵系列的主题形象深度契合。

2. “快闪”营销优化购物体验

同时，蒂芙尼搭建便于与消费者有效互动的场景。蒂芙尼与天猫奢品专享平台合作，不仅是对线上快闪店的初次探索，也是近两个世纪以来首次尝试线上新品发布。虽然此次的线上快闪店存在很多不足之处，却是体验优化的一次大胆试水。首先，蒂芙尼的八款花韵系列珠宝实行线上首发，新品限时限量发售，线下发售比预售推迟两周，这一延伸渠道方向的改变使新品更快速、更广泛地展现在消费者面前。其次，蒂芙尼制定了更加宽泛的价格区间，既覆盖了广泛的目标消费客群，又是一次对天猫奢品平台上消费者偏好的测试。最后，蒂芙尼打造完美贵宾专属体验，线上购买者可获得限量线下新品发布盛典活动邀请，并提供往返机票、专车接送、酒店住宿等专属服务。

3. 首家概念店增进乐趣与互动

2018年7月，蒂芙尼在伦敦开设了第一家新零售概念店，旨在休闲娱乐中增进顾客与品牌之间的互动。为了区别于传统门店，打造更加亲民、创新、年轻态的门店形象，蒂芙尼提出了全新的营销方案：概念店中的员工脱掉规整的黑西装，穿上舒适的休闲服装和运动鞋，搭配随意的首饰配饰，营造一种可以让顾客放松身心的环境；店内提供经典产品的体验服务，同时也可以定制个性化的珠宝首饰，如果顾客提供自己设计的独特印花或者字母，店内可以现场完成制作。整个门店展现的创新概念即是“互动”。

2018年是蒂芙尼迎来转折的一年。2018年上半年财报显示，蒂芙尼所有地区和商品种类的销售量和销售额都实现了增长，亚太地区销售状况尤为良好。这一结果是蒂芙尼顺应数字化创新浪潮，立足线下的场景支持和百年的品牌声誉和形象，进行全渠道营销的成果。

（资料来源：颜卉，刘予. 数字化环境下奢侈品牌的“全渠道营销”解决方案——以蒂芙尼为例，清华管理评论，2019-04.）

任务 1 国际分销渠道认知

8.1.1 国际分销渠道的概念

国际分销渠道（international distribution channels）是指国际市场营销中商品的流通渠道，是由生产商向国外消费者或用户转移产品或劳务所经过的通道。国际分销渠道由两部分构成：一是企业进入国际市场的渠道，即国家间渠道；二是各国国内的分销渠道。国际分销渠道与国内分销渠道的区别之处不在于结构上的选择，而在于那些影响渠道决策的市场因素的变化。

8.1.2 国际分销渠道的特点

国际分销渠道是一个完整的跨国流通过程，起点是一国的生产厂商，终点是目标市场国的消费者或用户。在这一流通过程中，主要包含着两种转移：一是商品所有权的转移，二是商品实体的转移。商品实体的转移是以商品所有权的转移为前提的，同时它也是商品所有权转移的保证。

商品从生产者流向消费者（用户）的过程中，商品实体及所有权会转移多次（至少要转移一次）。

分销渠道是由参与商品流通过程的各类经营组织或个人所构成的，渠道成员各自发挥不同的营销功能，又因共同利益而相互协作，有时渠道成员之间也会发生矛盾与冲突，需要管理和协调。

在分销渠道中，除商品实体及所有权发生转移外，还隐含着物流、信息流、货币流等与渠道运行密切相关的流通形式。它们围绕商品的流通相继发生，但在时空上与商品的流通并不完全一致，各自在渠道的分销过程中功能与效果也不尽相同。

8.1.3 国际分销渠道模式

1. 国际分销渠道基本模式

由于各国的历史背景、市场特点、竞争状况及经济发展程度不同，分销渠道模式的特点也各不相同。国际市场营销企业产品进入国际市场时，面临不同的营销渠道选择。国际分销渠道的基本模式如图8-1所示。

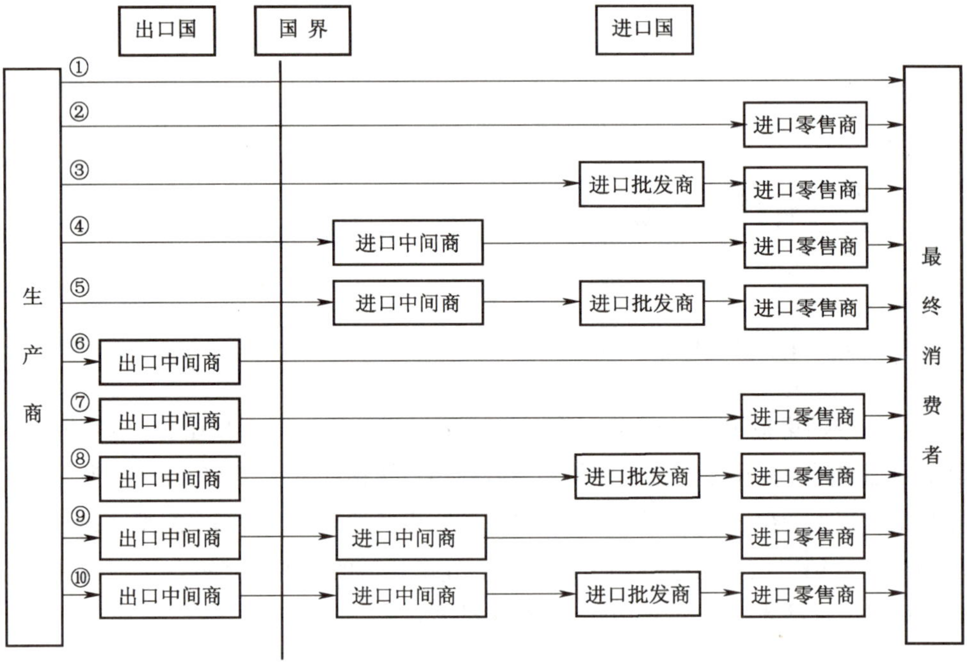

图8-1 国际分销渠道的基本模式

从图8-1可以看出，企业出口产品既要通过本国的分销渠道，又要通过目标市场国分销渠道，所以在国际市场上销售产品要经过三个环节：①出口国国内的销售渠道，②由出口国进入进口国的销售渠道，③进口国国内的销售渠道。图8-1中，前五种模式企业省去了国内中间商环节，将产品直接销往国外市场，称为直接渠道。其中，第一种模式是企业将产品直接销售给国外最终购买者，销售层次最少，分销渠道最短。后五种模式是企业通过国内中间商间接向国外销售产品，称为间接渠道。这样，不同的国际分销模式就会形成多种分销渠道，因此，企业面临不同的销售模式的选择。

学习专栏8-1：
速卖通三阶段见证跨境电商迭代

2. 欧美与日本国际分销渠道模式

（1）欧美分销渠道。欧洲国家的零售商主体经常从国外直接进口商品，其超级市场、百货公司、连锁商店的规模都较大。但是欧洲国家进口商的业务通常限制在一定的产品类别，代理商规模通常也不大。

美国基本上形成了有秩序的市场，是市场经济高度发达的国家。国外的产品要进入美国市场，通常要经过美国进口商，转卖给批发商；有的还要经过代理商，再由批发商或代理商转卖给零售商；零售商最后将产品卖给最终消费者。

（2）日本分销渠道。日本的分销渠道被认为是世界上最复杂、最长的销售渠道。虽然都是发达的市场经济国家，但是日本的分销渠道结构却不同于欧美各国的分销渠道结构。任何想要进入日本市场的企业都必须认真研究日本分销渠道，其基本模式是“生产者→总批发商→行业批发商→专业批发商→区域性批发商→地方批发商→零售商→最终消费者”。日本分销渠道具有以下主要特点：中间商的密度高、生产商控制渠道、生产商与中间商关系密切等。

任务 2 国际中间商类型分析

8.2.1 国内中间商类型

国内中间商是指产品生产企业在本国国内的中间商。根据是否拥有出口产品的所有权，国内中间商可以分为对出口产品拥有所有权的出口经销商，和接受生产企业委托，以委托人身份买卖产品、收取佣金、不拥有对产品的所有权的出口代理商。

1. 出口经销商

出口经销商是指经营出口业务，在本国市场上买进产品再将产品销往国外的贸易企业。出口经销商自主经营，自筹资金，自备仓库，自担风险。常见的出口经销商类型有出口行、采购（订货）行、互补营销。

2. 出口代理商

出口代理商是接受出口企业委托，按照委托协议代理出口业务并收取佣金的中间商。出口代理商并不拥有货物所有权，不能以自己的名义开展出口业务，风险由委托人承担。出口代理商既可以是自然人，也可以是一个机构。常见的出口代理商类型有综合出口经理商、制造商出口代理商、出口经营公司和出口经纪人。

8.2.2 进口中间商类型

进口中间商按照中间商是否拥有货物所有权分为两大类：拥有货物所有权的进

口商与不拥有货物所有权的进口代理商。

1. 进口商

进口商是指以自己的名义从国外进口货物后再向国内市场销售，并从中获得利润的贸易企业。进口商拥有货物所有权，要承担经营风险。进口商可以“先买后卖”，即先从国外买进产品，再卖给国内用户；也可以“先卖后买”，即先根据样品同国内买方成交，然后再从国外买进产品。相比较而言，前者比后者的风险要大。

按进口商的业务范围，可将其分为三种类型，即从国际市场广泛选购产品的进口商、特定地区进口商和专业进口商。因为进口商长期从事某个行业的营销工作，能够及时掌握该行业的国际市场行情，并能准确地向国内进口企业提供与本行业有关的国外市场信息，所以国内的其他中间商不能取代进口商的作用。

2. 进口代理商

进口代理商是指接受出口国卖主的委托代办进口业务，按规定条件提供相应服务并收取佣金的贸易服务企业。进口代理商不拥有进口货物的所有权，一般不承担相关的信用、汇兑和市场风险。

进口代理商的职能主要有：代国内买主办理进口业务，以代表身份代理国外生产者或出口商销售产品，代国外出口商销售或寄售产品等。

进口代理商主要有以下几种类型：制造商代理商、进口佣金商、融资经纪商、国际经纪人。

8.2.3 进口国国内中间商类型

国际分销渠道的第三个环节是进口国国内分销渠道。分销商、批发商和零售商是进口国国内分销渠道的主要组成部分。

1. 分销商

分销商是指以自己的名义从国外供应商处买进产品，再自行定价销售给批发商、零售商或其他客户，从中获取差价收入的一种进口国国内中间商类型。分销商与出口国的供应商建立长期合作关系，享有国外供应商提供的价格优惠，拥有对供应商产品的特许销售权。因为分销商对供应商有很大的依赖性，所以在产品销售价格、数量、促销等方面受到供应商一定程度的控制。

2. 批发商

进口国的批发商是从事批发活动的中间商，它们从本国进口商或进口代理商那里买进产品再进行转售，也有一些大的批发商直接从国外购进产品，再批发给小批发商、零售商、生产企业等机构。

在国际市场转售过程中，批发商所提供的服务各不相同。例如，某国的批发商分为：全面服务型批发商，即提供运输、储存、分类、融资、向生产者提供信息，甚至是承担风险等服务的批发商；有限服务型批发商，即在转售中只提供很少的服务的批发商。批发商在帮助进口产品向最终消费市场扩散的过程中起着重要的作用。

3. 零售商

零售商是将产品或服务销售给最终消费者或用户的一种进口国国内中间商。零售商的进货途径很多，可以从进口商、进口代理商、批发商等处购买产品进行销售。

零售商形式多种多样，现代大型零售商如百货公司、超级市场、购物中心、连锁商店等，一般从国外生产企业直接进货，以降低流通费用，从而降低产品销售价格，提高产品在市场上的竞争力。

相关链接8-1： 互联网时代传统零售精准营销新玩法

任务3 国际分销渠道决策

8.3.1 渠道长度决策

在产品从生产企业到达最终消费者或用户的过程中，所经过的中间商越多，渠道越长；中间商越少，渠道越短；最短的渠道是直销。

通常在以下情况中企业选择长渠道比较适宜：①企业经营规模小，销售能力弱，缺少资金；②企业生产标准化产品和技术要求不高的产品；③单位价值低的产品，如香皂、牙刷等；④顾客数量少，购买量多；⑤与国际目标市场空间距离远等。

在以下情况中企业则可选择短渠道：①企业经营规模大，销售能力强，又拥有雄厚的资金实力；②企业生产非标准化的、技术性强且要求生产企业提供售后服务的产品，如汽车；③生命周期短的时尚产品，如服装；④易腐、易坏产品，如禽蛋；⑤价值高的产品，如珠宝；⑥体积过大、笨重、装运困难的产品，如建筑材料等。

8.3.2 渠道宽度决策

渠道宽度是指企业在每一渠道层次中并列使用中间商的数量。国际市场营销企业对分销渠道宽度的选择通常有广泛分销、选择分销和独家分销三种策略。

1. 广泛分销

广泛分销是指国际市场营销企业在国际市场营销中，尽可能多地使用中间商，使分销渠道尽量加宽，以求迅速进入目标市场或扩大市场。这种分销策略的优点是：企业产品分布广，便于购买。通常，对于消费者购买的日用便利品、工业品标准件及一些价格低、单次购买量小、购买次数多的产品，易采用广泛分销策略。但因为分销渠道宽，中间商的数量多，可能导致中间商之间竞争激烈，中间商经营本企业产品积极性下降。

2. 选择分销

选择分销是指国际市场营销企业在某一市场范围内，有选择地利用少数中间商来销售其产品。这种分销策略便于企业对分销渠道控制，分销成本也比广泛分销策略低，所以多数企业会选择这一分销策略。

企业在产品刚打入国际市场时，往往先采用广泛分销策略；待产品占领一定的市场份额后，逐步淘汰一些作用小、效率低的中间商，转向为选择性分销，达到降低费用、提高企业利润的目的。对于消费品中的选购品（如服装）、特殊品、工业品中的零部件比较适合采用选择分销策略。

3. 独家分销

独家分销是指国际市场营销企业在某一市场范围内只选择一家中间商销售其产品。通常双方要签订独家经销合同，规定生产企业不得在该地区使用其他中间商销售其产品或自己进行直销，而中间商不能再销售其他竞争对手的产品。这种策略适用于高档、技术性强、要求提供高水平售后服务的产品，尤其适用于名牌产品。

独家分销能提高中间商的积极性，有利于企业与中间商合作，也便于企业对最终价格进行控制，提高企业形象。但是这种分销策略中间商的销售面窄，如果企业的选择不当，可能会导致企业失去当地市场。因此，刚进入国际市场的企业不宜采用此策略。

8.3.3 分销渠道组织形式决策

1. 多样化分销渠道策略

多样化分销渠道是指企业产品进入不同国家目标市场的时候，根据各国营销环境的不同，有针对性地采取不同的分销渠道，如通过不同宽度、不同长度的渠道销售其产品。

国际市场营销企业大多采取这种策略，其主要的影响因素有：

① 各目标市场国的分销渠道结构不同，要求企业必须采取不同的分销渠道。

② 各目标市场国的市场需求特点不同，使得企业必须采取不同的分销渠道。

③ 各目标市场国的竞争对手采取的渠道策略互有差异，要求企业有针对性地采取相应的分销模式。

2. 标准化分销渠道策略

标准化分销渠道是指国际市场营销企业产品进入不同的目标市场国时都采用相同的分销渠道，如使用相同宽度和长度的渠道销售本企业产品。标准化分销渠道策略适合市场需求大体相同的产品。

标准化分销渠道易产生规模效益，便于企业对分销渠道进行管理和控制，也有利于营销人员利用自己的经验提高营销效率。由于目标市场国营销环境差异性大，如果采用相同的分销模式有可能使企业无法在目标市场国开展有效的产品分销活动，所以大部分国际市场营销企业会采用多样化分销渠道策略。

8.3.4 国际分销渠道决策的影响因素

国际市场营销企业在选择国际分销渠道时，通常需要考虑以下六个方面的因素。

1. 资金

这里所指的资金即建立分销渠道所需要的资本要求。如果企业要在国外市场建立自己的国际市场分销渠道和营销队伍，往往需要大量投资；如果利用独立的中间商，则可以减少现金投资，但往往需要提供贷款。这些差异会对国际市场营销者选择渠道类型产生影响。

2. 成本

这里所指的成本包括开发渠道和维持渠道的成本，其中维持渠道的成本是最主要的、经常的成本。维持渠道成本包括支付本企业推销人员的一切费用，付给各类中间商的佣金，物流过程中的储运装卸、处理各种单据和书面工作的费用，洽谈买卖、广告宣传等各种业务的开支。渠道成本常常是企业进入国际市场的主要障碍，但是支付渠道成本是任何企业都不可避免的，营销决策者必须在成本与效益间做出权衡和选择。

3. 覆盖

渠道的市场覆盖面是指企业通过一定的分销渠道在国外销售产品的市场区域。评估市场覆盖面应该从下列三方面着眼：①这一市场区域能否取得满意的市场渗入，②这一市场区域能否获得最大可能的销售额，③这一市场区域能否确保合理的市场占有率。市场覆盖面并非是越大越好，而是要看这一市场覆盖面是否能给企业带来很大的经济效益。

很多大企业在选择国际分销渠道时，并不热衷于广阔的市场区域，而是力求打入人口密集、购买力强的核心区域，因为许多国家的主要购买力常集中于某几个城市区域。从事国际市场营销的企业如果要有一个满意的市场覆盖面，必须考虑各类中间商的市场覆盖能力以及中间商经销企业产品的意愿等问题。

4. 控制

企业对国际市场营销的控制程度主要取决于国际分销渠道安排。如果企业自己投资建立国际分销渠道将最有利于渠道的控制，但是相应增加了企业的国际分销渠道成本。如果使用中间商，企业对渠道的控制将会相对减弱，而且会受中间商愿意接受控制程度的影响。

通常来说，渠道越长，宽度越大，企业对价格、销量、顾客服务等方面的控制能力就越弱。渠道控制与产品性质有一定的关系。对于消费品来说，由于国际市场消费者人数多，市场分散，分销渠道也较长、较宽，生产商对分销渠道的控制能力较弱。而就工业品来说，由于使用它的客户相对比较少，分销渠道较短，中间商比较依赖生产商对产品的服务，所以生产商对分销渠道的控制能力较强。

5. 特性

（1）环境特性。对于环境特性而言，不同国家和地区之间差异较大。有的国家政府禁止或限制某些销售渠道的安排，有的发展中国家规定一些进口业务必须由国有企业经营，有些国家或地区规定要对代理商征收代销税。当一些国家和地区面临经济衰退时，企业就被迫使用较短的渠道，以降低产品价格。

（2）市场特性。企业应该针对不同国家的市场特性选择不同的渠道。如果市场分散，可采用间接渠道或长渠道；如果市场集中，可采用直销渠道或短渠道。各国顾客的收入、购买习惯及购买频率等特性千差万别，如果顾客多、市场容量大且分布地区广，可采用较长的渠道，反之则采用较短的渠道。

（3）企业特性。如果企业规模小，实力薄弱，在销售过程中只能依靠中间商提供的服务，因此渠道较长；如果企业规模大，资金雄厚，则可建立自己的销售力量，因此渠道较短。同时，企业本身控制渠道的愿望也不一样。有的生产商为控制产品的销售渠道，明知成本较高，也愿意通过短渠道销售，因为这样可以增加推销力量，保持产品存货的新鲜以及便于控制价格等。

（4）产品特性。不同的产品由于其各自不同的特点，对渠道的要求也不尽相同。例如，技术要求高、需要安装及提供维修服务的产品，宜直接销售给用户；原材料、初级产品宜直接销售给进口国的制造商；鲜活、易腐、生命周期短的产品，宜用较短的渠道；标准产品和低价产品宜用较长的渠道。

6. 连续性

保持国际分销渠道的连续性是国际市场营销者的一项重要任务。中间商为了谋求自身利益最大化，通常在确保产品能在市场站稳脚跟之前不会过于介入。

国际性企业经过努力，支付了开发成本，自然希望能够长期地与中间商保持良好合作关系，但有两方面的因素会影响分销渠道的持续性。首先是中间商本身的寿命。在国际市场上，代理商大多是一些小机构，一旦由于领导人及原业务人员更迭而变换经营品种，企业就有可能失去在该地区的渠道。其次是激烈的竞争问题。如果商品畅销、厚利，中间商便会蜂拥而至；一旦商品销路欠佳，利润变少，它们便转向能提供更多优惠的其他产品和生产企业。

为了解决连续性问题，企业需要做到以下几点：①慎重地选择中间商，在用户或消费者中树立品牌信誉，培养中间商的忠诚度，并采取有效的措施提供支持和服务；②对那些可能不再经营本企业产品的中间商，企业应提前安排好潜在的接替者，以保持分销渠道的连续性；③对已加入本企业分销系统的中间商，只要它们愿意继续经营本企业的产品而且符合本企业要求，则不宜轻易更换，应努力保持良好的长期合作关系；④经常关注竞争者渠道策略、购买者消费习惯和现代技术的变化，以保证分销渠道的不断优化更新。

【课堂活动8-1】

查阅相关资料，分析当地一代表性的涉外行业/企业在国际市场中的渠道策略。

组织形式：（1）以学习型项目团队为单位进行讨论。

（2）以学习型项目团队为单位进行全班交流，教师点评。

考核要点：国际分销策略的灵活运用、适度原则及其成效。

任务4 国际分销渠道管理

在国际市场营销企业确定其目标市场国的产品分销策略之后，即可进入分销策略实施阶段，这时就必须对分销渠道进行管理，使渠道运行效率最大化。分销渠道管理主要指的是中间商的选择、评估与激励。

8.4.1 国际中间商管理

1. 选择国外中间商

选择国外中间商主要有两个方面的任务：一是确定本企业国外中间商选择标准；二是基于中间商选择标准，确定国外中间商的信息来源。

对中间商的选择主要考虑以下几个标准。

（1）中间商业务性质相关性，即中间商的经营范围应与本企业所销售的产品具有关联性。

（2）中间商的资信条件良好，即中间商具备为销售本企业产品的良好财力及商业信誉。

（3）中间商经营能力强，即中间商具备对本企业产品良好的销售能力与经营管理水平。

2. 评估中间商

企业可以对国外中间商的市场开拓能力、市场销售额、货款回收状况、存货管理水平、顾客服务水平、对企业产品忠诚度与企业合作态度等方面进行评估。对中间商的评估便于企业发现国际分销过程中存在的问题，有利于对中间商进行有效的管理和控制，从而提高分销渠道的效率。

3. 激励中间商

企业对国际市场中间商的激励方式主要有以下三种。

（1）提供适销对路的产品。向中间商提供适销对路的优质产品并为中间商创造良好的销售条件，这既是激励中间商的前提条件，也是保证厂商合作顺畅的基础。

（2）合理分配利润。中间商销售产品的根本目的在于获取利润，因此，让中间商觉得有利可图是吸引中间商的根本条件。生产企业在产品定价方面要充分考虑中间商的利润空间，同时也要结合中间商的进货量、信誉、管理、市场开发以及产品形象维护等方面的表现，给予中间商不同的价格折扣，使中间商感到经营该产品可以获得较为理想的利润。

（3）提供相应的支持与服务。

① 信息咨询服务。企业将市场调查信息及时通知给中间商，以便中间商能够恰当地安排销售活动。

② 提高中间商销售服务能力。如为中间商培训技术支持人员，帮助中间商做好销售咨询和售后服务工作等。

③ 资金融通。中间商资金周转紧张，不能立即支付货款时，向中间商提供付款上的优惠措施就显得非常必要，如允许中间商延期付款或分期付款等。

④ 促销宣传支持。企业不定期派人员协助中间商进行商品陈列，安排产品展览和操作演示，帮助其培训推销人员等措施都会对中间商起到激励作用，特别是对从业经验欠缺的中间商更显得重要。

8.4.2 国际分销渠道调整

企业对国际分销渠道的调整方式主要有三种。

一是增加分销渠道中间商。企业应根据业务发展的需要，通过认真评估，吸收业绩良好、市场形象好的国际中间商加入分销渠道。

二是减少分销渠道中间商。企业通过认真评估，对于合作不积极、效率低下、不能很好完成既定销售计划的中间商，应中止与其的业务关系，或者撤销一些老渠道以适应营销环境的变化。

三是建立新的分销渠道系统。如企业中止和现有中间商的关系，转而建立自己能完全控制的新分销渠道系统。

8.4.3 国际分销渠道冲突管理

1. 冲突原因

在国际分销渠道中往往会发生不同渠道成员间的利益冲突，主要表现在两个方面。

一是企业与中间商之间的冲突。冲突原因主要有：中间商未执行生产企业的销售政策、中间商未按时付款、中间商销售竞争者产品、双方发生促销费用争议等。

二是中间商之间的冲突，主要是中间商为了争夺市场而进行价格竞争等原因。

2. 解决方式

为了避免或减少分销渠道成员间的冲突影响企业实现国际市场营销目标，企业应及时、恰当地解决分销渠道的各种矛盾。

一是渠道成员必须正确地对待渠道冲突，各渠道成员经营产品的目的都是为了获得利润，所以必须客观地照顾到各方利益，以利于矛盾的解决。

二是渠道成员间要加强沟通，加深了解，保证信息沟通及时、通畅，以避免许多不必要的冲突。

三是企业与中间商之间协商制定经营活动目标与计划，使成员间的经营活动有据可循，也便于企业进行渠道评估与控制。

【课堂活动8-2】

查阅相关资料，举例分析当今国际市场上的分销渠道冲突及其影响。

组织形式：（1）以学习型项目团队为单位进行讨论。

（2）以团队为单位进行全班交流，教师点评。

考核要点：国际分销策略冲突管理。

活动设计

应知训练

一、名词解释

国际分销渠道　出口经销商　国际标准化分销渠道　国际物流

二、单项选择题

1. 分销渠道的每个层次使用同种类型中间商数目的多少，被称为分销渠道的（　　）。

A. 宽度　B. 长度　C. 深度　D. 关联度

2. 工业分销商向（　　）销售产品。

A. 零售商　B. 制造商　C. 供应商　D. 消费者

3. 以大批量、低成本、低售价和微利多销的方式经营的连锁式零售企业是（　　）。

A. 超级市场　B. 方便商店　C. 仓储商店　D. 折扣商店

三、多项选择题

1. 构成分销渠道的要素有（　　）。

A. 生产者　B. 零售商　C. 代理商　D. 供应商

E. 消费者

2. 影响分销渠道设计的因素有（　　）。

A. 顾客特性　B. 产品特性　C. 竞争特性　D. 企业特性

E. 环境特性

3. 日本的分销体系有（　　）的显著特点。

A. 中间商的密度很高

B. 生产商对分销渠道进行控制

C. 独特的经营哲学

D. 大规模零售商店对小零售商进行保护

4. 在（　　）情况下企业选择长渠道比较适宜。

A. 企业经营规模小，销售力量弱，缺少资金

B. 顾客数量少，购买量多

C. 标准化产品和技术要求不高的产品

D. 单位价值低的产品

E. 国际目标市场空间距离近

5. 企业在选择国际分销渠道时通常要考虑（　　）因素。

A. 成本　B. 资金　C. 控制　D. 覆盖

E. 特性

四、判断题

1. 美国是市场经济高度发达的国家，基本上形成了有秩序的市场。（　　）

2. 对于消费品中的选购品（如服装）、特殊品（如手机）和工业品中的零部件都不适合采用选择分销策略。（　　）

3. 渠道越长、越宽，企业对价格、促销、顾客服务等的控制就越弱。（　　）

4. 一国经济衰退时，通常可采用长渠道，以低价格将产品尽快销售给最终消费者。（　　）

应会操练

一、思维能力训练

【实训名称】

案例分析：耐克的分销渠道和零售策略

【实训目的】

通过该训练任务，有助于学生：

1. 掌握国际分销渠道策略及其对国际市场营销活动的影响，认识加强国际分销渠道管理的重要性；

2. 运用国际分销渠道相关知识分析企业国际市场营销活动，有效地将知识转化为技能，提高学生分析问题、解决问题的能力。

【实训步骤及要求】

1. 教师选择恰当案例，拟订需要讨论分析的问题；

2. 确定案例训练组织形式：学习型项目团队讨论会（6~8人）；

3. 教师主持课堂案例讨论，各团队选出一名代表以PPT等形式汇报各团队的分析过程和分析要点；

4. 教师进行最后点评与总结；

5. 各团队在讨论分析案例的基础上按以下要求撰写、提交“案例分析报告”，字数1 000字左右，文字表述要精练、观点明确。

案例分析报告
时　间：
分析者：
班　组：
问题分析：
➢ 问题一：
➢ 问题二：

【实训考核】（百分制）

评分维度	资料的处理与应用	内容的充实性	知识的应用性	分析的逻辑性	创新性	报告文本	团队的分工合作
百分比	10	12	15	15	20	12	16
得　分							

【案例介绍】

耐克的分销渠道和零售策略

向美国和国际市场的批发商销售产品是耐克最大的分销渠道。同时，耐克还有直接面向消费者（Direct To Consumer，DTC）的销售，包括在线和工厂零售店以及通过其网站进行的电子商务销售，如通过亚马逊等电子商务公司分销其产品。其中，通过Nike Direct进行的在线销售是该公司增长最快的分销渠道。

在谈到耐克的分销渠道时，该公司还通过与多个鞋类零售商合作，创建了特定类别的零售目的地。向批发商销售是耐克公司最大的收入类别，但是这一类别对销售组合的贡献从2012财年的83%下降至2019财年的收入的68%；同期DTC的销售额从16%增加到32%。

1. 耐克的直销和分销策略

在其分销渠道中，耐克致力于通过Nike Direct向消费者直销。与耐克的分销渠道相比，直接向消费者销售的利润要比向批发商销售的利润高。耐克的DTC销售额对整体销售组合的贡献已大大提高。

按固定汇率计算，耐克在2019财年对批发客户的销售额比2018财年增长了6%。在此期间，该公司通过耐克直销的销售额增长了13%。该公司的DTC销售额从2014财年的53亿美元增长至2019财年的117亿美元。复合年增长率(CAGR)为17.2%。

2. 耐克实体分销渠道

耐克的DTC有两个方面：耐克的实体商店和电商平台。截至2019财年末，耐克在美国经营384家零售店，其中，有217家是耐克品牌工厂商店，29家是耐克品牌在线商店。

从耐克的国际分销渠道来看，该公司在2019财年末在美国以外运营768家商店。其中，648家是耐克工厂商店，57家是耐克品牌内联商店，其余63家是匡威商店。同时，在线销售已成为耐克以及该领域其他公司的主要分销渠道。

有效的分销策略对于耐克而言至关重要。尽管批发商的销售额在2019财年约占耐克全球收入的68%，但该公司已逐步致力于将其销售组合向具有较高利润的直接客户销售倾斜，包括通过公司拥有的零售店的销售和电子商务的销售。同时，耐克预计将进一步扩大其在线分销渠道，并预计到2023年其销售额的30%将来自在线销售。

（资料来源：分析耐克的分销渠道和零售策略，国际品牌网，2019-10.）

【问题讨论】

1. 耐克的国际分销渠道主要有哪些？

2. 耐克在国际市场上是如何调整分销策略的？

3. 结合本案例，试讨论现在的国际企业应如何制定分销渠道策略。

二、综合能力训练

团队项目：结合背景企业（当地某一开展国际市场营销的企业）实际，为该企业选择合适的国际分销渠道模式，制定适当的国际分销渠道策略。

【实训目的】

通过该训练的操作，使学生：

1. 加深对国际分销渠道策略的认识，培养学生解决实际问题的能力；

2. 掌握国际分销渠道策略；

3. 能够为背景企业选择合适的国际分销渠道模式，制定适当的国际分销渠道策略。

【实训要求】

以学习型项目团队为单位进行项目实训，明确内部分工。以各团队为单位与当地一家开展国际市场营销的企业进行联系，确定研究对象。

【实训操作步骤】

1. 集体讨论。

以学习型项目团队为单位进行讨论，研讨中心可围绕国际分销渠道模式选择、国际分销渠道策略确定与国际中间商管理方案制定进行展开。

2. 收集、整理、分析资料。

● 通过实地走访、网络调查等途径收集、掌握背景企业近几年来开展国内外市场营销活动的情况；

● 通过网络调查、案头资料收集等多种途径，了解背景企业国际目标市场的营销环境；

● 通过多种途径查阅国内外同行业相关市场信息资料及最新动态。

● 通过收集的资料，整理分析该背景企业国内外市场营销状况及其国际目标市场的营销环境。

3. 国际分销整体方案策划。

● 在反复研讨的基础上，各团队形成背景企业国际分销渠道策略的具体方案，方案要具有可操作性；

● 进一步评议、修订，形成最终较合理的方案。

4. 策划方案提交。

各团队提交格式规范的《××企业某一国际目标市场国际分销渠道策划方案》，包括：

● 国际分销渠道模式选择；

● 国际分销渠道决策及分析；

● 国际中间商管理等。

5. 实训成果汇报、评议、成绩综评。

- 各团队推选一名代表采用PPT形式进行实训成果汇报；
- 同学互评，教师进行适当点评并进行实训总结；
- 教师对各团队及各成员进行综合成绩评定。

【实训成果】

《××企业某一国际目标市场国际分销渠道策划方案》。

【实训考核】（百分制）

评分维度	信息的处理与应用	知识的应用性	分析的逻辑性	创新性	实训文本	演讲者仪容仪态	答辩	团队分工合作
百分比	10	15	15	18	10	10	10	12
得　分								

项目九

国际市场营销促销策略制定

学习目标

※ 知识目标

· 了解国际市场营销促销基本策略及其影响因素

· 掌握国际市场营销促销的常用形式及其适用性

※ 能力目标

能结合背景企业实际，为背景企业选择恰当的国际市场营销促销方式，并能进行有效的促销策划，制定切实可行的国际市场营销促销策划方案

※ 素养目标

通过本项目的学习，培养学习者良好的自主学习与合作学习能力，使学习者的促销策略制定能力、创新能力、书面表达与口头表达能力、团队协作能力等方面得以提升

【开篇案例】

天猫国际，重现古人海淘发现之旅

随着跨境运输网络日益发达，如今海淘已经变得像日常购物一样便利。其实海淘并不是近两年才流行的词，它自古就存在。2020年“双11”，天猫国际携手玄奘、张骞、郑和三位“顶流博主”集合成了“海淘天团”，用Vlog形式还原了古时的海淘场景。

一、天猫国际猫机长集结，“海淘天团”古人Vlog记录“海淘两千年”

1. 形式创新，引发用户好奇

Vlog是当下热门的视频内容记录形式，但是古人拍的Vlog有谁看过呢？天猫国际抓住古人与新潮Vlog的反差效果，创新“古人的Vlog”这一内容形式，展现古今海淘发现之旅，在创意上第一时间引起大家的好奇心。同时，Vlog的记录能塑造出一个个鲜活有趣的人物形象，一下子拉近他们与观众的距离。

2. 内容创新，年轻语境促进二次传播

视频中复古模糊的画质，人物操着的地道方言口音以及西域的场景还原等细节，都给观众带来更真实与更沉浸的观感。此外，视频还根据张骞出使、玄奘取经、郑和下西洋的三段人物经历，赋予其不同标签，创意贴切又十分新颖。结合历史背景的剧情与年轻现代的用语，使Vlog颇具趣味性。这样的方式对于年轻群体显然更亲切、更具有吸引力，荒诞又戏剧的内容也十分有利于视频的二次传播分享。

3. 主题创新，猫机长跨时空集结“海淘天团”

定位于“有趣的海淘专家”的天猫国际猫机长，每次都在短片结尾中作为神秘人出现，提升消费者对于其好感度。历朝历代的古代先贤都通过各自的方式，秉承着“开拓发现”的精神，带回了很多“海淘”舶来品，或改变、或提升了国人的生活习惯。因此，天猫国际此次以“海淘两千年”为创意出发点，将猫机长打造为承前启后的“海淘后浪”，以跨时空集结海淘天团的创新主题，延续海淘精神，继续为国人带来全球好物。

二、延续海淘古今传承，天猫国际继续发现两千年

正如Vlog中提到的，中国人从古至今从没停止对新生活方式的追求，跳脱出Vlog中的场景。天猫国际更通过明星号召、H5 互动、历史解读等内容形式，推出以“海淘两千年”为主题的文化传承活动。从“人、物、事”三个维度层层递进，让活动更具传播力、趣味性及价值感。

1. 古物新颜，发现海淘乐趣

为了进一步扩大活动的趣味性与参与感，天猫国际通过一支趣味H5让人人都成为海淘文化传播使者。用户可以在H5中听到不同海淘古物的讲解。正如三支Vlog中古人的舶来品分别与猫机长的现代海淘产品一一对应一样，这支H5同样也

以古代和现代产品对比的形式，趣味性地呈现了9组物品，如夜光杯与葡萄酒、牙刷与美白牙贴、龙涎香与香水、蔷薇露与护肤精油、草药与保健品……在页面的文案设计中，更有现代网络梗，创意新颖，极具传播力，一方面展现了对历史的探索，另一方面也体现了海淘事业的古今传承。

2. 博览古今，解读海淘文化

对于大众而言，要想更好地传承海淘精神，更需要了解历史。天猫国际和看理想共同发起“海淘两千年：被三个中国人改变的世界历史”专题，从人文历史角度进行解读，赋予活动更强的历史人文感与民族感，拔高了活动调性与立意。同时，看理想的目标人群多为高知文化群体，与海淘人群的画像十分重合，二者强强联手，也为天猫国际树立了有品质、有格调的平台形象。

如今，在这个跨境商品能够“一秒下单”的数字化时代，天猫国际想要传递的是——他们不仅能够让消费者足不出户买遍全球，更是能够与这个时代的中国人一起延续两千年海淘文化的传播使者。

在跨境电商纷纷通过价格战争夺市场的当下，天猫国际则从一个新的维度赢得了年轻人的青睐。

（资料来源：Rosy，lalala. 如果古代“顶流博主”拍Vlog会是什么样，SocialBeta，2020-11.）

任务 1 国际市场促销策略认知

9.1.1 促销与国际市场促销

1. 促销

促销即促进销售，是指企业通过一定的方式与手段向目标顾客传递有关本企业产品和服务的信息，以便消费者熟知企业的产品与服务，从而引起消费者兴趣，激发消费者购买欲望，促成消费者购买行为的综合性活动。促销实质上是一种信息沟通活动。

促销是企业市场营销组合中的基本策略之一，一般包括人员推销、广告促销、营业推广和公共关系等具体活动。促销具有以下四个方面的功能。

（1）激发消费者购买欲望，创造需求。企业通过对消费者心理的探查，采取有效的促销手段，激发消费者的购买欲望，发现新的市场，扩大产品销售。

（2）有效地将产品信息传递给消费者和中间商，使消费者和中间商充分了解产品各方面的信息，传播企业的经营理念，树立良好的企业形象和产品形象。

（3）突出产品特点，增强竞争优势。企业通过不同的促销手段，宣传产品与竞争对手的差异性，突出自己产品能给消费者带来的特殊利益，增进消费者的信任感，从而提高企业和产品的市场竞争力。

（4）通过促销活动能够有效地反馈信息，帮助企业改进产品。通过促销活动，企业可以从中间商、消费者那里得到有关产品的意见与建议，便于企业及时改进产品，调整营销组合策略。

2. 国际市场促销

企业在国际市场营销活动中，不仅需要生产适销对路的产品、制定合适的价格、选择适当的营销渠道，还需要制定切实可行的促销策略，通过各种有效的信息传播手段将其产品信息有效地传达给消费者，促使产品由卖方向买方转移。国际市场营销与国内营销活动的促销目的是一样的。国际市场促销的手段主要包括：国际市场人员推销策略、国际广告策略、国际市场营业推广策略和国际市场公共关系策略。

9.1.2 国际市场促销组合策略

国际市场促销组合策略是指在国际市场营销实践中对各种促销手段合理选择、有机组合，以使各种促销手段相辅相成、取长补短，发挥整体最佳效能。

1. 影响国际市场促销组合策略的因素

（1）促销目标。促销目标是影响企业国际促销组合策略的重要因素，不同的促销方式都有各自的特点和适用条件，企业必须结合国际市场营销实际情况，根据相应的促销目标来选择合适的促销手段和促销组合。

（2）市场特性。国际市场营销是在复杂多变、千差万别的国际市场营销环境中进行的，目标市场国的市场类型、市场容量、市场需求特性等因素对企业促销组合策略影响很大，不同的促销组合在不同的市场上效用差别很大。因此，企业需要根据目标市场国的市场特性制定合适的促销组合。

（3）产品性质。不同性质的产品，消费者购买要求不同，企业应采取不同的营销组合。一般来讲，对日用消费品应较多地采用广告宣传策略，以起到宣传面广和传播速度快的作用；工业品的促销应以人员推销为主，以利用人员推销直接性和针对性较强的特点。随着竞争的日趋激烈，企业在采用营业推广方式时不能过于机械，需要根据具体的情况进行调整。

（4）产品生命周期。在产品生命周期的不同阶段，促销目标不同，应采用不同的促销组合策略（见表9-1）。

表9-1　产品生命周期不同阶段促销目标与促销组合

产品生命周期	促销目标重点	促销组合
投入期	使产品为人知晓	介绍性广告、人员推销
成长期	提高市场知名度和占有率	形象建立型广告等
成熟期	提高产品的美誉度，维持和扩大市场占有率	形象建立和强调型广告、公共关系，辅以营业推广方式
衰退期	维持信任和偏好，大量销售	营业推广、提示型广告

2. 国际市场促销基本策略

按照促销信息流向，促销组合可以分为“推动”策略和“拉动”策略两种。

“推动”策略要求生产企业较多地使用销售人员，积极地向批发商推销产品，批发商又积极地向零售商推销产品，最后零售商又积极地向消费者推销产品（如图9-1所示）。采用“推动”策略的企业的主要对象是批发商或零售商，主要使用人员推销方式和采用利益诱导的营业推广方式。

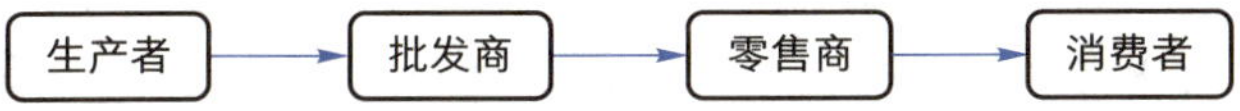

图9-1　“推动”策略

“拉动”策略则要求企业开展大量的广告宣传，引起消费者对产品的消费欲望，一旦促销奏效，消费者则主动地向零售商提出购买愿望，然后通过零售商向批发商传递购买需求，最后通过批发商将消费需求传递到生产企业（如图9-2所示）。采用“拉动”策略的企业的主要对象是消费者，主要运用大量的广告宣传手段。

图9-2　“拉动”策略

任务2 国际市场人员推销策略制定

9.2.1　人员推销的内涵

人员推销是指企业派出或者委托推销人员直接向国际市场目标顾客进行介绍、说服以及解答工作，促使顾客了解、偏爱本企业的产品，进而采取购买行动的一种促销方式。推销主体、推销客体和推销对象构成人员推销活动的三个基本要素。人员推销是一种最古老的促销方法，对于那些专业性强、结构复杂的产业用品和价格昂贵的耐用消费品，人员推销有着其他促销方式不可替代的作用。

9.2.2 人员推销的特点

1. 形式直接，机动灵活

买卖双方直接联系，现场洽谈，给双方很大的灵活性。通过面对面的看货、议价、交谈，有利于推销人员根据顾客的态度和反应，进一步了解顾客的心理变化过程，进而能立即根据顾客的情绪以及心理变化有针对性地改进推销方式，以适应每个顾客的行为和需要，最终促成顾客进行购买。

2. 培养情感，建立关系

一个目光长远的推销人员在与顾客交往的过程中，不仅追求交易目的的实现，还会努力与顾客建立长期的友好合作关系，从而使顾客对企业产生信任感，为企业培养忠实顾客打下良好的基础，有利于企业销售工作的开展。

3. 过程完整，及时成交

推销人员的任务不仅是访问顾客、传递信息、说服购买，在买卖双方达成初步交易意向后，还需要签订合同、安排生产、融通资金、提供技术支持及相关的售后服务等。特别是一些复杂的产品，人员推销更具有优势。

9.2.3 人员推销的步骤

相关链接9-1：
推销的“3H1F”

1. 推销准备

推销准备是推销人员收集各种所需信息，做好充分的销售前准备工作的阶段，具体包括以下内容。

（1）熟悉企业产品的性能与特点，并能很好地进行产品属性描述和产品操作演示。

（2）多渠道、多途径收集资料分析目标市场国营销环境，了解该国市场特点、消费者需求特征等，以便有针对性地开展推销活动。

（3）进行推销方式及其战略战术设计，为个人客户、家庭客户、团体客户、新增客户与传统客户等设计不同的推销策略。

（4）确立推销洽谈原则，罗列具体的洽谈要点，做到胸有成竹，有备无患。

2. 推销实施

推销实施关系到推销活动的效果，是人员推销的实质性阶段。市场推销人员要促成目标顾客采取购买行为，一般需要经历以下四个阶段，即：引起顾客注意、引起兴趣、激发购买欲望和促成购买行为。

3. 售后跟踪服务

售后跟踪服务既是推销工作的结束，又是新一轮销售工作的开始。良好的售后服务可以树立企业及其产品的良好形象，加深顾客对企业及其产品的好感，不仅会促使顾客重复购买，也会带来更多的潜在购买者。

【课堂活动9-1】

书店里，一对夫妇想给孩子买一些百科读物，推销员过来与他们交谈。

客户：“这套百科全书有些什么特点？”

推销员：“您看这套书整套都是这种真皮套封烫金字的装饰，印刷精美，如果摆在您的书架上，绝对非常有面子！”

客户：“这套百科全书都包括什么内容？适合多大的孩子？”

推销员：“这套书内容多了，您看书的内容按字母顺序编排，非常便于查找。”

客户：“这我都知道，不过我们想了解的是……”

推销员：“本书内容包罗万象，有了这套书您就如同有了一套地图集，对你们一定会有用处。”

客户：“这不是给孩子看的吗？我想知道他能从里面学到什么。”

推销员：“这套书很适合小孩的。专门配有带锁的玻璃门书箱，您的孩子就不会将它弄脏，也不会撕书，而且小书箱是送的，划算啊。”

客户：“哦，等等，你能不能先让我看看部分内容，我们可以了解一下大概的框架。”

推销员：“现在好机会啊，买了就有一次特别的优惠抽奖活动，说不定能中大奖。”

客户：“算了，我还是不要了！”

要求：请指出推销员的失误在哪里？假如你是推销员，该如何推销这套百科全书？

组织形式：以学习型项目团队为单位进行讨论，全班交流并进行教师点评。

考核要点：人员推销策略。

9.2.4 国际市场推销人员管理

国际市场推销人员管理主要包括推销人员的招聘、培训、激励和绩效评估活动。

1. 推销人员招聘

国际市场推销人员招聘一般在目标市场国进行。因为当地人对本国的风俗习惯、消费行为与商业惯例等更加熟悉，并与当地政府、工商界，或者是消费者或潜在客户有着各种各样的联系。但在目标市场国进行招聘时会受到当地人才结构、知识结构和职业特征的限制。

企业也可以从国内选派外销人员，但要求外销人员能够适应目标市场国社会文化环境，可以自如地开展销售工作。

2. 推销人员的培训

国际市场推销人员培训既可以在目标市场国进行，也可以在企业所在地或企业附近地区的培训中心进行。培训内容可根据推销人员的来源及实际情况确定，主要包括：产品知识、企业情况、市场知识、推销技巧、商务沟通等。如果针对来自目标市场国的推销人员培训，重点是产品知识、企业情况、推销技巧等内容；若是从企业内部选派的推销人员，则应加强对目标市场国市场营销环境和商业习惯等方面的培训。

3. 推销人员激励

对国际市场推销人员的激励通常分为物质激励、精神激励、环境激励和目标激励。

（1）物质激励是通过给予推销业绩优秀的推销人员丰厚的薪金、奖金或佣金等奖励，调动推销人员的积极性。物质激励往往和目标激励一起使用，这种激励方法效果最明显。

（2）精神激励可采用进修培训、晋级提升、特权授予或颁发荣誉证书等多种形式。精神激励和物质激励相辅相成，综合运用效果更佳。

（3）环境激励是为推销人员创造一种宽松、良好的工作氛围，以更好地调动其工作积极性。环境激励体现了企业对推销人员的重视程度。如果重视程度差，推销人员往往工作绩效不理想，离职率也相对较高。

（4）目标激励是为销售人员制定一定的绩效目标（如销售定额、毛利、访问顾客数量、获得新客户数量等），以此来激励销售人员积极工作。

4. 推销人员绩效评估

对国际市场推销人员的激励应建立在对其销售业绩进行考核与评估的基础上。

推销人员绩效评估指标分为直接推销效果（如推销的产品数量与价值、推销成本与费用、新客户销量比率等）和间接推销效果（如访问顾客的人数与频率、产品与企业知名度的增加程度、客户服务与市场调查任务的完成情况等）。

任务 3
国际市场广告促销策略制定

9.3.1 国际广告的内涵

国际广告是为了促进国际市场营销活动的开展，在目标市场国所做的企业及其产品的宣传活动，使企业及其产品能够迅速打开并进入国际市场，从而实现企业的国际市场营销目标。

当前，国际广告呈现以下特点。

① 高科技手段在广告业中得到广泛运用；

② 电子信息技术对广告业的渗透越来越引人关注；

③ 广告设计更加贴近目标市场国消费者的心理需求，突出民族、地域特征；

④ 广告更加注重树立企业及其产品形象；

⑤ 广告制作呈现专业化的趋势，许多专业的广告公司在国际广告舞台上发挥出越来越大的作用；

⑥ 广告业的国际合作进一步加强。

与国内广告不同的是，国际广告以目标市场国的消费者为受众。因此，国际广告具有国内广告不同的个性特点：尊重东道国的风俗习惯；考虑东道国的经济环境；尊重东道国的社会文化；遵守东道国相关的广告管理规定；奉行绿色营销理念，进行绿色营销。

9.3.2 国际广告决策

国际广告决策是指跨国经营企业在充分分析目标市场国的市场环境、广告目标、市场特性、产品特性、媒体可获得性、政府干预和成本收益关系等因素的基础上，所作出的适合目标市场国的广告策略。

1. 国际广告的标准化与差异化决策

（1）国际广告标准化策略是指企业在不同国家的目标市场上，向广大受众传递相同的广告信息。该策略有利于企业降低广告促销成本，易于塑造企业及其产品统一的整体形象。但国际广告标准化策略忽略了不同国家或地区的市场特殊性，难以在市场情况突变时及时调整。

（2）国际广告差异化策略是指企业针对不同国家目标市场的特性，为其受众制定不同的广告主题，传播不同的广告信息。该策略很好地适应了不同社会文化背景下消费者的需求差异，针对性强，有利于克服目标市场国的市场准入障碍。但也增加了企业的国际广告促销成本和管理难度。

2. 广告目标决策

广告目标是指在一定期限内，针对既定的目标受众要实现的特定沟通任务。一般有介绍性目标、说服性目标和提示性目标。

（1）介绍性目标。介绍性目标主要是完成新产品介绍的任务，主要介绍新产品的用途、性能、特点、使用方法以及给消费者带来的利益等基本情况，以促使消费者建立对该产品的初步印象。该目标通常有知名度、记忆率、理解度等定量化指标。介绍性目标一般适合在产品上市初期使用。

（2）说服性目标。说服性目标又叫竞争性目标，主要是强调本企业产品的优势以及与竞争对手产品的明显差异，以确保顾客对本产品有足够的关注和购买欲望，说服消费者购买本产品。该目标的定量化指标通常有：市场占有率、品牌偏好度、产品的销售增长率等。该目标一般在产品的成长期和成熟期使用。

（3）提示性目标。提示性目标也被称作提醒性目标，其目的不是介绍新产品，而是以提醒老顾客继续购买本产品或使之确信自己的选择十分正确为目标。它不是劝说顾客购买自己的产品，而是让顾客保持对产品的记忆和忠诚度。该目标的定量化指标通常有：满意度、重复购买率等。该目标一般在产品的成熟期和刚进入衰退期时使用。

3. 广告媒体决策

广告媒体是广告信息传播的中介。在众多的媒体广告中，报纸广告、杂志广告、广播广告、电视广告、网络广告这五种使用最频繁、影响最广泛，前四种被称为传统媒体广告，网络广告是随着互联网的发展而快速兴起的一种新广告形式。国际广告媒体及其特征见表9-2。

相关链接9-2： 互联网广告发展前景及趋势

表9-2 国际广告媒体及其特征

媒体类型	媒体特征	
	优点	缺点
报纸	• 覆盖面广 • 传播速度快 • 时效性强 • 费用低廉 • 制作方便	• 形式呆板 • 内容单调 • 不易保存
杂志	• 专业性较强，受众群体较为固定 • 印刷精美，内容集中，易引人注目	• 发行周期长，时效性差 • 接触面较窄
广播	• 速度快 • 覆盖面广 • 时效性强 • 内容通俗易懂，易接受	• 有声无形 • 内容转瞬即逝，不宜留存
电视	• 形象逼真，感染力强 • 表现手段丰富，艺术性强 • 传播速度快 • 覆盖面广	• 费用高昂 • 制作复杂 • 播放时间短
网络	• 信息量大 • 速度快 • 交互式沟通 • 储存时间长 • 集视觉、听觉于一体	• 传播条件要求较高 • 广告公信力较弱

4. 广告信息决策

广告信息决策就是根据广告目标设计广告内容，把国际市场营销企业的广告策略用艺术的、直观的、形象的方式表现出来。广告信息要具有鲜明的主题、独特的构思、简洁的语言和生动的形象。

（1）广告内容设计形式。广告内容设计形式一般有以下几种。

① 情感诉求式广告和理性诉求式广告。以强调情感为主的广告称为情感诉求式广告，以强调理性为主的广告称为理性诉求式广告，两者的主要区别是诉求的方式和侧重点不同。大多数国际市场营销企业常采取兼顾两者的广告策略。

② 对比广告和陈述广告。对比广告就是将本企业的产品与其他同类产品进行对比分析，以突显本企业产品的独特之处。如某公司将本公司洗发精与宝洁公司、强生公司的产品进行对比，广告强调“它们产品的功能我们也具备，然而，我们产品的价格仅为它们的一半”这一主题。陈述广告则是以介绍企业和产品自身为主。

③ 正面叙述广告和全面叙述广告。正面叙述是指在广告中只强调产品的优点。全面叙述是对产品进行全面宣传，既阐述优点也不避讳缺点。如果广告受众文化素质好，可采用全面叙述广告。反之，则应采用以正面叙述为主的广告。

④ 不变广告和常变广告。理论上，反复播放相同主题的不变广告可以加深受众的印象。不过，长期重复播放的广告会使受众产生厌烦心理，甚至带来不良的负面印象。因此，国际市场营销企业需要根据目标市场国营销环境的变化及时调整广告主题。

（2）广告信息表达。常用的广告信息表达形式主要有以下几种。

① 生活片段。以人们日常生活情景显示正在使用的广告产品。

② 生活方式。强调广告产品如何符合人们的生活方式。

③ 想象。根据产品的特点和用途创造出能唤起人们美好联想的意境。

④ 人格化。用拟人的手法来展示产品人格化的特征。

⑤ 音乐。用音乐的形式表达产品的性能、特色、信誉等内容。

⑥ 科学证据。通过提供调查结果或者科学证据，表明广告产品符合科学原理或优于其他同类产品。

⑦ 技术专长。表明本企业生产的产品所拥有的专长和经验，如某一保健品广告宣传该产品是以高级人参为原料，通过现代化的生产线制造的高级滋补品。

【课堂活动9-2】

阅读以下文字，分析讨论“植入式广告”在当今国际市场营销中的应用及宣传效果。

号称“热剧收割机”的唯品会是影视剧、综艺的常客，在各大热门娱乐IP

中无孔不入。近年来，霸屏玩家唯品会的植入广告让人眼花缭乱，一片火热的背后其实隐藏着巨大的隐患。

相较于一味强调“灌输”的传统广告，植入广告具有“潜移默化地传递信息、影响心智”的天然优势，既可以让观众在事先不知情的情况下实现广告的有效触达，又可以通过选择相应的媒介内容实现受众的定位，让广告更加精准。

2020年，接替上个一年度刷屏王“想去哪拍就去哪拍”的铂爵旅拍，在各大电视剧和综艺中疯狂植入的唯品会成为出镜率最高的电商品牌。玩法多样的唯品会不仅在影视剧里打广告，在热门综艺里也存在感满满，但凡新综艺、新影视剧上线，必能看见唯品会的身影，可以说，唯品会在影视植入上下足了血本。

但随着广告植入越来越多，广告的副作用也越发明显，观众出现了视觉疲劳，甚至反感情绪。不少用户表示：“节目看得正高兴的时候，突然来个唯品会广告，很扫兴。”

固然，在这个有流量就有价值的时代，大规模的品牌露出会极大程度地提高品牌知名度。但如果不分青红皂白，有节目就出来插上一脚，不关心品牌契合度，也不管观众是否已经看腻，那这样的品牌终将失去消费者的好感和忠诚度。流量时代，广告植入营销将会成为潮流，但从创意新奇到植入过多，难免会导致视觉疲劳，如何既能卖得好且又不让人生厌，其实考验着品牌的眼光。广告要打，但同时也要思考如何才能打得好，打得让用户满意。

（资料来源：王晖，《三十而已》火了，霸屏玩家唯品会疯狂植入广告背后的隐患．品牌观察报，2020-08.）

要求：列举实例，围绕“植入式广告”在当今国际市场营销中的应用及宣传效果进行讨论。

组织形式：（1）以学习型项目团队为单位进行讨论。

（2）以学习型项目团队为单位进行全班交流，教师点评。

考核要点：国际市场营销广告策略的灵活运用及适度原则。

9.3.3 国际广告效果评估

广告效果是指广告信息通过广告媒体传播后对社会和企业所能产生的影响。广告效果包括信息沟通效果和销售效果。

1. 国际广告信息沟通效果测定

信息沟通效果测定主要是针对目标市场国消费者对国际广告认知、偏好所产生的影响的测定。目的在于确定广告是否正在产生有效的信息沟通效果。国际广告信息沟通效果测定一般包括测定国际广告注意度、记忆度、理解度以及国际消费者购买动机的形成。

2. 国际广告销售效果测定

广告信息沟通效果不等于广告销售效果，广告信息沟通效果好并不意味着就能提高产品销售量。因此，越来越多的跨国经营企业在关注国际广告信息沟通效果的同时，开始关注广告对企业销售的直接促进作用。企业测定广告销售效果时经常会采用广告效果比率进行评估，即根据一定时期内，产品销售额增长率与广告费用增长率的比例进行比较。其计算公式是：

$$广告效果比率(E)=\frac{销售额增加率\left(\frac{\Delta S}{S}\right)}{广告费用增加率\left(\frac{\Delta A}{A}\right)}\times 100\%$$

式中，ΔS——广告宣传之后增加的销售量；

S ——原来的销售量；

ΔA——增加的广告费用支出；

A ——原来的广告费用。

如果E大于1，表示广告效果较好；如果E小于1，表示广告效果不理想。

采用这种方法测定的广告效果，只能作为衡量广告销售效果的参考因素之一。因为产品市场销售量受多种因素的影响，广告只是其中因素之一，有时并不能起决定作用。

任务 4 国际市场营业推广策略制定

9.4.1 国际营业推广的内涵

国际营业推广是指除人员推销、广告促销和公共关系等营销策略以外，国际市场营销企业为了刺激市场需求，扩大产品销售，在目标市场国所采取的能快速产生激励作用的促销手段。

国际营业推广是一种短期的促销行为，具有非规律性、非周期性、方式灵活多样和短期效益明显的特点。国际营业推广应在条件适应的情况下进行，否则会降低产品身价，有损企业及其产品在国际市场上的声誉及形象。

9.4.2　国际营业推广形式

1. 按实施主体划分

（1）生产企业型营业推广。生产企业型营业推广是指生产企业为了促进产品销售，对消费者或中间商实施的营业推广活动。

（2）中间商型营业推广。中间商型营业推广是指由批发商或零售商实施的营业推广活动。

（3）联合型营业推广。联合型营业推广是指由生产企业和中间商共同实施的营业推广，主要对象是消费者。

2. 按推广对象划分

（1）直接针对消费者的营业推广主要有：派发样品、附送赠品、产品展示、削价促销、组合或捆绑式销售、趣味类促销和以旧换新等。

（2）针对中间商的营业推广主要有：价格折让、推广补助、销售竞赛、陈列补贴和会展展销等。

（3）针对销售人员的营业推广主要有：销售奖金、培训进修、会议交流和旅游度假等。

营业推广目标与营业推广工具见表9-3。

表9-3　营业推广目标与营业推广工具

营业推广目标		POP广告	优惠券	样品赠送	价格折扣	竞赛	赠品	酬谢包装
短期效果	争取试用	★	★	★	★	★		
	改变购买习惯	★			★			★
	增加购买量		★		★		★	★
	刺激潜在消费者	★	★	★		★		★
	吸引中间商				★	★		
长期效果	提升广告形象					★		
	巩固品牌形象					★	★	

说明：表中的★代表重点选择的营业推广工具。

任务 5
国际市场公共关系策略制定

9.5.1 国际公共关系的含义

国际公共关系简称国际公关，是指跨国经营企业为了增进目标市场国公众与顾客对企业的了解与信任，建立企业与社会公众之间的良好关系，塑造或改善企业良好社会形象，营造企业良好的国际市场营销环境，运用现代传播手段所进行的各种活动的总称。

国际市场营销公共关系与其他促销形式有着明显的区别：企业的国际市场营销公关活动不是宣传某一具体产品，而是进行企业与外界（主要是目标市场国）之间的信息传递；活动对象相当广泛，既有顾客、供应商、中间商、竞争对手、企业内部员工，还有政府机构、新闻媒介以及社会团体等。国际市场营销公关活动的目的在于树立良好的企业和产品形象。

9.5.2 国际公共关系的任务

企业开展国际市场公共关系活动主要有以下几个方面的任务：收集信息，了解自我；建立关系，友好往来；积极宣传，树立形象；积极应对危机，消除不利影响。

9.5.3 国际公共关系活动方式

常见的国际公共关系活动方式主要有以下几种。

1. 事件策划

企业对一些特殊事件进行策划与宣传，借以制造新闻，以引起目标市场国公众与顾客对企业的广泛关注，增进彼此之间的了解，提升企业及其产品形象。

2. 公益活动

很多企业热心赞助东道国的社会公益事业，如“希望工程”“烛光工程”“阳光工程”等，这些公益活动往往成为社会的热点事件，引起各种媒体的广泛和深入讨论，有利于树立企业热心公益的形象。

3. 出版物

企业出版物是一种由工商企业、公用事业等单位出版的连续出版物或小册子，被人们喻为“商业喉舌”。出版物的对象是企业内部员工、股东和消费者等，其目的在于宣传企业及企业的产品和服务项目，是一种可以有效宣传企业形象的营销公关工具。

4. 演讲与游说

演讲与游说是提升企业与产品知名度的另一种手段。演讲者在特定的情境中，面对广大听众发表意见，抒发情感，从而达到感召听众的目的。

5. 社会理念营销

企业国际市场营销活动不仅要满足企业利益与消费者需求，而且要符合消费者自身利益以及目标市场国甚至是整个社会的长远利益，要正确处理企业利益、消费者利益与社会长远利益这三者之间的关系。如刊登公益广告呼吁保护野生动物、减少环境污染、劝诫吸烟者远离烟草等，并积极采取一些实际行动，这些都是企业社会理念在国际市场营销中的体现。这样，企业不仅能达到社会营销目标，还有利于树立企业长期的良好形象。

6. 形象识别系统

在高度发达的信息化社会里，企业要想获得公众与顾客的广泛关注，则需要建立一个公众能够快速认知的企业标志识别系统，并将这个可识别的标志广泛应用于企业的经营活动中，借此传递企业的经营理念，促使社会公众对企业产生一致的认同感。

9.5.4 国际公共关系策略

1. 宣传型公共关系策略

宣传型公共关系策略就是广泛运用各种传播媒介向目标市场国公众和顾客传递企业及其产品信息，以增进企业与社会的沟通与理解，形成有利于企业发展的社会舆论和国际市场营销环境的策略。这种策略具有主导性强、时效性强、传播面广、推广企业形象效果快的特点。

2. 交际型公共关系策略

交际型公共关系策略是指企业通过与目标市场国的公众群体、政府相关部门、有关社会组织等进行情感联络，广交企业朋友，建立起广泛的社会关系网络，形成有利于企业发展的人际关系与社会环境。交际型公共关系策略主要包括团体交往和个人交往。团体交往主要有招待会、座谈会、工作午餐会、宴会、茶话会、慰问等形式；个人交往主要有谈心、拜访、祝贺、个人署名信件往来等形式。

3. 服务型公共关系策略

服务型公共关系策略是指企业向目标市场国顾客提供优质的服务，以获取社会的了解与好评，进而树立企业及其产品良好形象的策略。

4. 社会型公共关系策略

社会型公共关系策略是指企业在目标市场国有组织地举办各种社会性、公益性、赞助性活动，以塑造企业形象，扩大社会影响，提高社会声誉，赢得公众支持的一种营销公关策略。其活动形式主要有：以企业本身的重要活动为中心开展各类社会活动，资助大众传播媒介举办各种有益于社会进步与文明建设的活动等。

5. 征询型公共关系策略

征询型公共关系策略指企业在目标市场国通过信息采集、舆论调查、民意测验等工作，了解社会舆论、民意民情、消费趋势等情况，为企业经营管理决策提供信息服务，使企业经营活动尽可能地与东道国的总体利益、市场发展趋势以及民情民意相一致。同时，企业也向公众传播或介绍自身的意图，加深公众对企业的印象。其主要形式有访问重要用户、建立信访制度、设立监督电话、处理举报和投诉、对消费者实施有奖调查等。如著名的美国通用汽车公司雪佛兰的车主关系部专门建立了特别用户名册，任意抽选一批雪佛兰车用户聘为用户顾问，公司以定期联系征询他们对雪佛兰的产品及服务的意见，并将这些意见提供给公司的业务部门，作为改进与提高产品质量的指导意见。

6. 危机型公共关系策略

危机型公共关系策略是指企业采取有效措施及时纠正因主客观原因给本企业所带来的不良影响，并消除损害企业及其产品形象的不利因素，恢复公众的理解与信任，重塑企业及其产品良好形象及声誉的策略。企业及其产品形象与声誉遭受损害的情况有两种：一种是由于外界的某种误解，甚至是人为破坏而造成的。对此企业要迅速查清原因，公布真相，澄清事实，采取措施来消除这些损害企业形象的不利因素。另一种是由于企业内部机制不完善或过失所致。对此情况，企业应迅速采取行动，联系新闻界并取得其支持，控制影响面，平息风波。企业发生危机时，只有及时纠正、弥补，才能尽快恢复公众信任，重新树立良好形象。

案例展示 9-1：一个人的公关战争

活动设计

应知训练

一、名词解释

国际促销“拉动”策略　国际促销组合　国际市场营销公关　国际营业推广

二、单项选择题

1. 某外商企业想利用周年庆典的机会，邀请社会人士参加庆祝活动，借此烘托企业形象、渲染气氛、联络关系，为以后的合作奠定基础，这属于（　　）。

A. 宣传型公共关系策略　　B. 交际型公共关系策略

C. 服务型公共关系策略　　D. 社会型公共关系策略

2. 在产品生命周期成熟期应以（　　）为主。

A. 通知性广告　　B. 选择性广告

C．提示性广告　　D．以上都可以

3．目的是促使顾客记住某品牌产品的广告是（　　）。

A．制造商广告　　B．劝说性广告

C．告知性广告　　D．提示性广告

4．下面不属于公共关系活动的是（　　）。

A．贫困基金捐献　　B．处理内部信访

C．召开部门间的联谊会　　D．对中间商数量折扣

5．许多企业为了刺激消费者购买的兴趣，采用有奖销售的形式，这种促销方式是（　　）。

A．广告　　B．人员推销

C．公共关系　　D．营业推广

三、多项选择题

1．公共关系作用的对象相当广泛，以下属于其作用范围内的对象有（　　）。

A．顾客　　B．厂商

C．竞争对手　　D．社会团体

E．政府机构

2．对处于竞争劣势的企业，应选择能为消费者和中间商提供更多实惠的营业推广方式，如（　　）。

A．交易折扣　　B．样品派送

C．附赠销售　　D．抽奖

E．示范表演

3．某企业需要强调其产品的优势以及与竞争对手的明显差异，以确保顾客对本产品有足够的关注和购买欲望，此时可以选择（　　）作为自己的广告目标。

A．介绍性目标　　B．提示性目标

C．说服性目标　　D．强制性目标

E．以退为进目标

4．下列对广告各种媒体特征描述正确的有（　　）。

A．报纸灵活、及时、广泛、可信，但不易保存、表现力不高

B．杂志针对性强、保存期长，但传播有限、不及时

C．广播速度快、传播广、成本低，但只有声音、不易保存

D．电视感染力强、触及面广，但针对性不足、成本较高

E．互联网信息量大、交互沟通、成本较低

5．针对中间商的营业推广方式有（　　）。

A．合作广告　　B．抽奖或竞赛

C．购买折扣　　D．现金退回

E．费用补偿

四、判断题

1．国际广告可以起到创造需求的作用。(　　)

2．人员推销由于其接触面窄，因而在国际市场营销中使用的越来越少。(　　)

3．营业推广的目标通常是刺激消费者即兴购买。(　　)

4．促销的实质是一种沟通和传播信息。(　　)

5．公共关系与广告、营业推广的基本功能都在于销售产品。(　　)

应 会 操 练

一、思维能力训练

【实训名称】

案例分析：宜家“欢聚有奖”小程序促销活动分析

【实训目的】

通过该训练任务，有助于学生：

1．更好地掌握国际市场促销方式及其策略；

2．运用国际市场促销相关知识分析企业营销活动，有效地将知识转化为技能，提高学生分析问题、解决问题的能力。

【实训步骤及要求】

1．教师选择恰当案例，拟订需要谈论分析的问题；

2．确定案例训练组织形式：学习型项目团队讨论会（6~8人）；

3．教师主持课堂案例讨论，各团队选出一名代表阐述本公司的分析要点；

4．教师进行最后的点评与总结；

5．各团队在讨论分析案例的基础上按以下要求撰写、提交“案例分析报告”，字数1 000字左右，文字表述要精练、观点明确。

案例分析报告
时　间：
分析者：
班　组：
问题分析：
➤ 问题一：
➤ 问题二：

【实训考核】（百分制）

评分维度	资料的处理与应用	内容的充实性	知识的应用性	分析的逻辑性	创新性	报告文本	团队的分工合作
百分比	10	12	15	15	20	12	16
得 分							

【案例介绍】

宜家“欢聚有奖”小程序促销活动分析

1. 促销活动背景

在当下的社会，人们的生活几乎已经完全被电子设备占领。人们在网上花的时间越多，跟最亲密的家人和朋友在一起的时间就越少。过度使用手机已经成为一个世界级现象，在中国尤甚。因为在中国，手机的应用已经渗透到了日常生活的方方面面。一年一度的春节，每个出门在外的中国人都会不远万里回家团聚。但近几年很多人在回家以后，依然沉迷在手机和网络中。一家人聚在一起，每个人各自玩手机的现象并不罕见。

作为一个将“家”作为核心的品牌，宜家始终致力于帮助人们享受在一起的时光，让人与人之间的关系更近。此次新年，宜家携手创意伙伴一起创作了一款奖励人们“远离手机和网络”的微信小程序。

2. 促销活动具体方案

STEP 1：选择挑战

打开小程序，选一款心仪的宜家产品接受挑战。不同产品对应不同难度，放下手机的时间会随难度增长而变长，挑战成功即可赢取对应产品的七折优惠券。

STEP 2：开始挑战

根据选择的产品，开始挑战。挑战过程中，请将手机保持在计时页面，让手机“哪儿凉快哪儿待着去”，尽情享受和亲友在一起的欢聚时光吧！

注意：计时归零前，如离开该页面或关闭屏幕，则挑战失败。小程序已设定为屏幕不会自动关闭。

STEP 3：开启你们的团聚时刻

在这个大家和手机说再见的时间里，让宜家分享一些“聚会灵感”：①相约一场家庭下午茶；②回到“小时候”；③观看一场沉浸式影片。

STEP 4：结果揭晓

如果挑战成功，即可获得所选产品的七折优惠券一张，点击“领取”后即可放入微信卡包，在宜家线下商场付款时展示。小程序还会自动生成一张风趣的“证明”，促成二次转发和传播。

3. 促销活动成效

活动上线24小时内，已经有1 081张优惠券被领取。上线四天后，超过一万张优惠券被领取，全部2 000张BILLY书柜优惠券被领完。整个春节期间，共有近10万人次参与挑战，宜家为全中国的家庭创造了1.2万个小时没有手机干扰的欢聚时间。

“这次，我们让人们在手机上玩一个‘不玩手机，就有奖励’的游戏。希望在春节期间，大家能够切身体会到远离手机和网络，亲近家人的快乐。这也是宜家一贯倡导的理念。”宜家创意总监这样谈到。

（资料来源：clovey，宜家“欢聚有奖”小程序，呼吁大家享受在一起的时光. SocialBeta，2019-02.）

【问题讨论】

1. 结合本项目所学的国际促销组合策略，谈一谈宜家本次促销活动的设计思路。

2. 新媒体时代应如何开展线上促销？试结合本案例进行讨论。

二、综合能力训练

团队项目：结合背景企业（当地某一开展国际市场营销的企业）实际，针对该企业某一目标市场国的营销环境，为其选择合适的促销方式，制定适当的促销策略，并制定相应的国际市场促销方案。

【实训目的】

通过该训练的操作，使学生：

1. 加深对国际市场促销策略的认识，培养学生解决实际问题的能力；

2. 掌握国际市场促销方式与策略；

3. 能够为背景企业针对某一目标市场国的营销产品选择合适促销方式，制定适当的促销策略，策划并制定相应的国际市场促销方案等，提升学生的综合素质。

【实训要求】

以学习型项目团队为单位进行项目实训，明确内部分工。以各团队为单位与当地一家开展国际市场营销的企业进行联系，确定研究对象。

【实训操作步骤】

1. 集体讨论。

以项目团队为单位进行讨论，研讨中心可围绕国际市场促销方式的选择、促销策略的确定和促销方案策划进行展开。

2. 收集、整理、分析资料。

● 通过实地走访、网络调查等途径收集、掌握背景企业近几年来开展国内外市场营销活动的情况；

● 通过网络调查、案头资料收集等多种途径，了解背景企业国际目标市场的营销环境；

● 通过多种途径查阅国内外同行业相关市场信息资料及最新动态；

● 通过收集的资料，整理分析该背景企业国内外市场营销状况及其国际目标市场的营销环境。

3. 国际市场促销整体方案策划。

● 在反复研讨的基础上，各团队形成背景企业国际市场促销的具体方案，方案要具有可操作性；

● 进一步评议、修订国际市场促销方案，形成最终较合理的方案。

4. 策划方案提交。

各团队提交格式规范的《××企业某一国际目标市场促销策划方案》，包括：

● 国际市场促销目标；

● 国际市场促销影响因素分析；

● 国际市场促销方式的选择及实际应用；

● 国际市场促销策略的确定及实际应用等。

5. 实训成果汇报、评议、成绩综评。

● 各团队推选一名代表采用PPT形式进行实训成果汇报；

● 同学互评，教师进行适当点评并进行实训总结；

● 教师对各团队及各成员进行综合成绩评定。

【实训成果】

《××企业某一国际目标市场促销策划方案》。

【实训考核】（百分制）

评分维度	信息的处理与应用	知识的应用性	分析的逻辑性	创新性	实训文本	演讲者仪容仪态	答辩	团队分工合作
百分比	10	15	15	18	10	10	10	12
得　分								

模块五

国际市场营销管理

项目十

国际市场营销计划、组织与控制

学习目标

※ 知识目标

· 掌握国际市场营销计划的内容

· 了解国际市场营销组织结构及适用性

· 了解国际市场营销控制的内容及程序

※ 能力目标

能为背景企业编制科学的国际市场营销计划，设计适用的国际市场营销组织，制定可行的国际市场营销控制方案

※ 素养目标

通过本项目的学习，培养学习者良好的自主学习与合作学习能力，使学习者的综合管理能力、创新能力、书面表达与口头表达能力、团队协作能力等方面得以提升

【开篇案例】

亿滋国际改组全球市场营销管理架构，五大CMO齐上阵

亿滋国际是世界知名的巧克力、饼干、口香糖、糖果、咖啡及固体饮料食品商。公司旗下拥有多个年收益10亿美元的明星品牌，如吉百利、妙卡巧克力、雅可布咖啡、奥利奥饼干和果珍固体饮料等。亿滋国际的前身是美国第一、全球第二大的食品公司——卡夫食品。卡夫食品于2012年10月分拆为两家独立上市公司，一家是主要面向北美市场的杂货业务公司，仍用卡夫食品的原名；另一家是面向全球市场的零食企业，更名为亿滋国际。

由于2017年4月，前任全球首席营销官离职，经过一年的思索，亿滋国际宣布对整个市场营销架构进行了调整，除了继续保留全球首席营销官（CMO，Chief Marketing Officer）这个职位，还在四个大区任命了四位区域CMO，以便“快速适应消费者需求的变化”。

这其中，来自达能的马丁·雷诺（Martin Renaud）出任亿滋国际新的全球首席营销官。领英资料显示，马丁自1999年开始在达能集团工作，2015年升任达能集团鲜乳制品业务欧洲区总裁。长达28余年的市场营销经验，也见证了快速崛起并逐渐成熟的亚太、欧洲、拉丁美洲和北美地区市场。他将坐镇总部，负责亿滋国际的包括品牌策略、代理商关系、市场营销功能、媒介以及数字化营销等管理事务。

亿滋国际将会一改过去所依赖的“集中式、中心化的全球化营销方法”，更加依赖于四位区域CMO及其背后的区域性市场营销团队。各个品牌负责人将获得更多的授权，得到市场营销的赋能，来驱动当地市场的业务增长。

亿滋国际首席业务增长官表示，“马丁是一个世界级的营销者，他有着丰富的商务、策略和数字化经验以及带动品牌业务增长的能力。启动区域首席营销官的模式不仅会把专家带到我们的营销实践中，还能够加强全球CMO、市场负责人和全球团队之间的联系。”

全新的市场营销管理架构将会改变品牌市场营销的轨迹，并以此拉动增长。这也是亿滋国际一个重要的战略举措。在最近的一次投资者会议上，他也再次强调公司经营的一些优先级事务：更快速对消费者的需求（比如口味）做出调整；加大在电子商务上的投入；等等。

（资料来源：亿滋国际改组全球市场营销管理架构，五大CMO齐上阵. 麦迪逊邦公众号，2018-04.）

任务 1
国际市场营销计划

10.1.1 国际市场营销计划的内涵

国际市场营销计划（international marketing planning）是指国际企业对本企业在将来一定时期内所要达到的营销目标以及实现这些营销目标所要采取的方法与手段的决策。国际市场营销计划作为整个企业计划的一部分，是保证企业国际市场营销正常活动、高效运转所必不可少的重要环节。

10.1.2 国际市场营销计划类型

不同企业面临不同的国际市场营销环境，其制定的国际市场营销计划也不尽相同。

1. 按计划期限分

（1）长期计划。长期计划又称为远景计划，是企业对自身发展蓝图的计划，是企业为实现本企业长期目标所应采取的一些主要行动步骤、分期目标和重大措施。一般由企业高层管理人员和计划部门人员制定，包括长期营销目标、竞争计划、成长计划等。

长期计划为实现企业的长期目标服务，目的在于扩大和提升企业的发展能力。但由于计划的长期性，对企业未来不确定因素的估计会比较困难。一般而言，大型企业的长期计划是15年，中型企业的长期计划是10年，小型企业的长期计划是5年。

（2）中期计划。中期计划是根据长期计划提出的目标及要求，结合该计划期内企业实际情况而制定的发展计划。中期计划是长期计划和短期计划之间的中介，是企业长期计划的具体化，同时又是短期计划的指导依据。

中期计划一般按年度分列基本指标，为年度计划提供了依据；中期计划可以减少每年确定计划指标的数量，有助于企业保持国际市场营销活动的均衡性和连续性。中期计划的时限不长，时间跨度一般为2~4年，不确定因素较少，可以较准确地制定计划期间内的各项目标。

（3）短期计划。短期计划是指企业在长期计划指导和规定下，作出较短时间内的具体工作安排。短期计划是为实现企业的短期目标而制定的行动方案。

短期计划是长期计划的具体化，更具操作性，主要说明计划期内必须达到的目标以及具体的工作要求，要求能够直接指导各项活动的开展。短期计划的目的在于有效利用企业已经具有的各种能力，以取得预期的工作效果。短期计划时间跨度较短，一般在1年以内。

2. 按计划制定的主体分

（1）母公司计划。母公司计划偏重于企业国际战略规划，是开创性的原则计划，目的在于决定企业国际市场营销目标和基本战略。

（2）子公司计划。子公司计划偏重于企业国际经营计划，是从属于母公司计划的具体计划，其作用在于将母公司规划的企业国际市场营销目标及其基本战略付诸实施。

国际市场营销计划除了以上分类之外，还可以按计划内容的复杂性分为综合性计划和项目计划；按计划的重要程度分为战略计划和作业计划等。

10.1.3 国际市场营销计划的编制

1. 国际市场营销计划编制流程

国际市场营销计划的制定大致需要以下几个步骤。

（1）信息的收集和分析。信息的收集和分析是编制国际市场营销计划的前提条件，在编制计划之前，企业一定要广泛收集、整理与分析相关信息，为计划编制提供丰富的素材。

（2）分析企业内外部环境。企业采用适当的环境分析方法（如SWOT分析法）分析评估自身优势、劣势及未来发展潜力，同时对外部环境可能发生的变化以及会带来的机遇与威胁进行分析；从而得以利用优势、把握机会、降低劣势、避免威胁；最终确定企业的国际市场进入战略、发展战略和竞争战略。

（3）确定企业国际市场营销目标。基于对企业内外部环境的分析，确定企业的国际市场营销战略目标，为企业的具体国际市场营销活动指明方向。

（4）基于国际市场营销目标制定具体的营销策略。为实现企业预定目标需要制定具体的营销策略与手段，如目标市场策略、产品定位策略、市场竞争策略以及产品、定价、分销与促销等国际市场营销手段的组合策略。

（5）计划的编制与完成。国际企业的国际市场营销计划草案经过相关部门、人员的交流、讨论、评估与完善之后，才能正式编制完成，并在企业内部开始实施。

2. 国际市场营销计划编制方法

（1）“自上而下”计划法。“自上而下”计划法是指企业高层管理者为企业各级部门制定国际市场营销计划。这种计划主要由公司总部下达给子公司或下属公司执行。

（2）“自下而上”计划法。“自下而上”计划法是指由企业各级部门或子公司预先制定各自相应的国际市场营销计划，然后提交给企业最高管理层领导审议、批准后，汇总成整个企业的国际市场营销总计划。这种方法给企业各级部门或子公司很大的自主权。

（3）“上下结合”计划法。先由企业最高管理层建立一个总体目标，再由企业各级部门或子公司负责制定达到各自目标的计划。

3. 国际市场营销计划编制的内容

不同企业的国际市场营销计划详略程度不同，但大多数市场营销计划应包括以下几个部分。

（1）计划概要。计划概要是对企业目标、营销目标或者某些特殊目标的汇总与陈述，便于员工对国际市场营销计划核心内容尽快了解与掌握。

（2）现状分析。现状分析主要是分析与企业开展国际市场营销相关的国内外市场、产品、竞争、分销、信息媒体和宏观环境等背景材料。

（3）机会与威胁分析。国际市场营销企业围绕自身及其相关产品确定主要的市场机会与环境威胁，评估确定企业自身的优势与劣势以及面临的问题，以扬长避短。

（4）营销目标。国际市场营销目标是国际市场营销计划的核心部分，包括销售额、市场占有率、分销覆盖面、利润率、投资收益率等。所有目标都应以定量的形式表达，并具有可行性和协调一致性。如本期计划要使市场占有率提高15%，销售利润率增加20%，投资收益率提高25%等。

（5）营销策略。国际市场营销策略是完成国际市场营销计划目标的主要营销途径和方法，包括目标市场国信息的选择、进入国外市场的方式与市场定位、国际市场营销费用安排及组合策略等。

（6）行动方案。行动方案即将国际市场营销策略具体化，企业需要对每项营销活动都列出详细的程序，以便实施与评价。

（7）营销预算。预算实际上是关于某项营销活动预计盈利或亏损的报告，是对收支计划的量化。在预算的收入一方要说明预计销售量及平均单价，在支出一方要说明生产、分销成本及营销费用，收支两方的差额为预计的利润（或亏损）。企业的各个业务单位编制出预算后，须送至高层管理者审批。预算一经批准，便成为各有关部门安排生产、劳动人事及市场营销工作的依据。

（8）营销控制。营销控制是国际市场营销计划的最后部分，说明企业对计划的执行过程、执行进度如何进行管理。有些企业营销控制的内容还包括发生意外情况后的应急计划。

任务 2
国际市场营销组织

10.2.1　国际市场营销组织的内涵

国际市场营销组织（international marketing organization）是指按照一定宗旨和系统建立起来的从事国际市场营销活动的集合体，是组织中的一种具体表现形式。

国际市场营销环境复杂多变，要使企业的国际市场营销活动不断适应变化的市场，它就应建立与国际目标市场环境相适应的组织结构。高效的国际市场营销组织结构一般需要具备三个条件：

① 营销组织要与企业的国际化战略相适应；

② 构成营销组织的不同要素要具有内部一致性；

③ 营销组织要与国际市场营销环境相适应。

10.2.2　国际市场营销组织设计

1. 国际市场营销组织的设计原则

根据企业国际化的程度、目标与倾向，国际市场营销组织可以分为本国中心主义、多中心主义、地区中心主义和全球中心主义四种管理导向。

（1）本国中心主义。企业主要以本国市场业务为主，国际市场业务为辅，不会花费较多的资源在国际市场业务上。只有国内市场出现竞争激烈、市场饱和的情况或国际市场出现很好的市场机遇时，企业才会开拓国际市场业务，开展国际市场营销活动。这种管理导向的企业总部拥有很大的营销战略决策权，企业的高级管理人员绝大部分由本国员工担任，很少聘用外国人。

（2）多中心主义。企业把国际市场业务与国内市场业务放在相同的地位，把国际市场业务看成是企业整个生产经营业务的一部分，企业会根据国家或地区间的国际目标市场差异性，制定不同的国际市场营销战略与策略，有针对性地开展国际市场营销活动。与本国中心主义的管理导向相比，企业总部对营销战略的决策权相对较弱，各国际子公司可以在目标市场国当地聘用高级管理人员，并且可以采用当地的标准制定子公司的一些规章制度。

（3）地区中心主义。奉行地区中心主义管理导向的企业，会根据世界上一些区域内各个市场的共性特征开展国际市场营销活动，地区经理有很大的营销战略决策权。

（4）全球中心主义。奉行全球中心主义的企业，把世界作为自己的市场来实施国际市场营销战略，开展世界性的国际市场营销活动。企业国际业务规模大，内部分工水平高，组织结构复杂，在管理决策方面母公司与子公司之间要求高度合作。这一设计原则一般只有大型跨国公司才采用。

国际市场营销组织设计原则的区别见表10-1。

表10-1 国际市场营销组织设计原则的区别

管理导向类型	基本假设	企业类型
本国中心主义	基于母国优越性	中心集权的企业
多中心主义	基于各国市场营销环境差异性	地区分权的企业
地区中心主义	基于某区域的共性	集权与分权相结合的企业
全球中心主义	基于各国的共性与差异性	大型跨国企业

2. 国际营销组织设计影响因素

影响国际市场营销组织设计的因素很多，主要有：企业规模与实力、企业营销观念、企业整体目标、企业国际战略、企业生产经营的产品及其国际目标市场特点、企业国际业务比重、重要地区经济集团的情况、国际市场营销环境等。

10.2.3 国际市场营销组织的类型

在不同的发展阶段，国际企业的国际市场营销组织也有不同的结构形式。企业的组织结构呈阶段性演进。

1. 出口部

在国际化的初始阶段，企业主要业务仍然集中在国内市场，国际业务所占的比例很小，国际贸易一般由国内外销售机构或常驻海外的销售代表代理完成。此时出口业务往往隶属于原有部门，其组织结构与国内企业无异。

随着国际业务的不断扩大和对开拓国外市场力度的持续增加，企业可能会雇用一些经验丰富的国际市场营销人员，组成出口部，全面负责国际市场营销活动。在组织结构上，出口部可能和其他职能部门地位平等（参见图10-1中的方案A）；也可能是市场部的附属机构（参见图10-1中的方案B）。选择哪种方案取决于海外业务对企业的重要性。因为建立出口部是组织结构国际化的第一步实质性措施，所以出口部应当是功能比较完善的营销机构，应该具备进行市场调研和市场开发的功能，而不只是市场部的附属销售机构。

2. 国外子公司

随着国际业务范围进一步扩大，企业参与国际市场营销的形式会由原来的单纯出口，逐渐发展为在国外市场直接投资。这时，出口部已不能很好地适应国际市场营销管理的需要，而由国外子公司或其他分支机构所代替（如图10-2所示）。国外

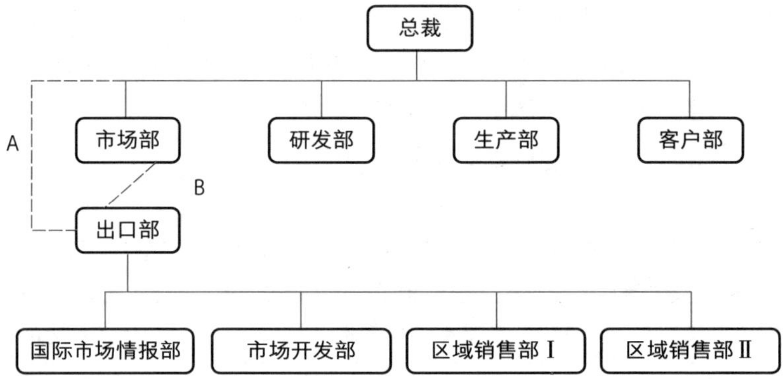

图10–1　出口部组织结构

子公司作为独立的法人，具有独立的经营自主权与完整的管理系统，但仍需遵守母公司的一些要求，并向母公司汇报或请示工作。国外子公司的建立，大大提高了企业国际市场营销活动管理的独创性与自主性。

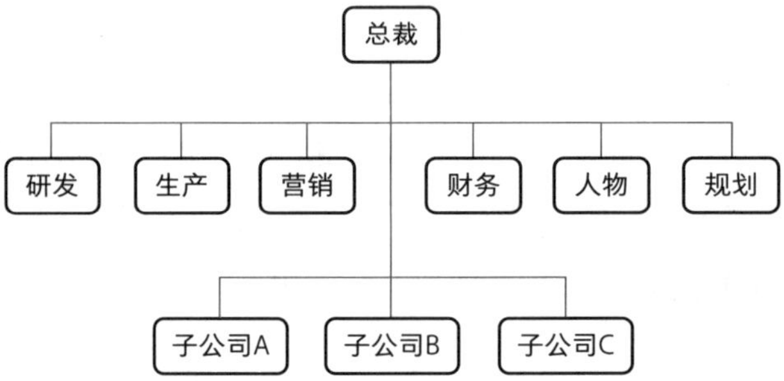

图10–2　国外子公司组织结构

3. 国际事业部

随着国际业务不断深入发展，企业会在全球范围形成国际子公司林立的局面，从而使得企业对国外子公司的管理、协调等方面变得越来越复杂。这时，企业应采用国际事业部组织结构（如图10–3所示），用以管理、协调企业的国际市场营销活动。国际事业部将国际企业所有的营销活动集中于一个部门，有利于企业国际市场营销活动的高效运行。

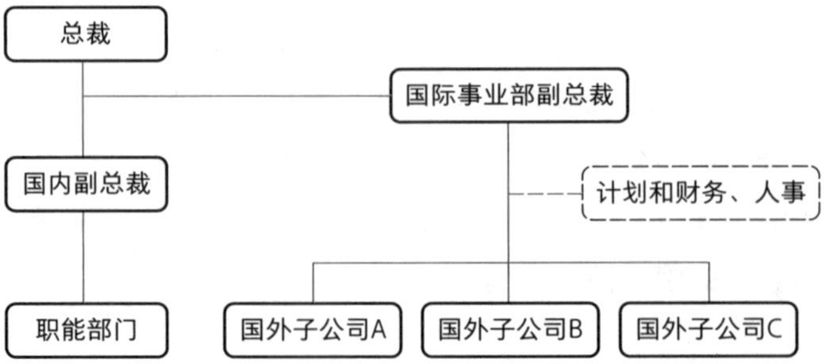

图10–3　国际事业部组织结构

（1）国际事业部的优点是：

- 有利于企业对国际业务进行正规化管理；

● 有利于企业资源的综合调配；

● 有利于企业协调各国外子公司的活动，协调国内业务与国际业务之间的关系。

（2）但国际事业部也存在以下不足：

● 国际事业部仍是企业的一般业务部门，往往不能参与公司整体战略的制定，在国内业务占绝对重要地位的企业可能还会限制国际事业部开拓国际市场；

● 随着国际业务的发展，企业高层管理者之间的矛盾与摩擦也将增加；

● 企业研发多以国内市场为导向，国外市场的研发往往沦为简单的产品改良。

4. 全球区域型结构

全球区域型结构是指企业依据地理区域来设计其营销组织结构。由此划分每一个不同的业务区域为一个独立的事业部，其主要的经营职责由公司总部负责。这种组织结构一般适用于企业产品种类较少，且市场销售条件、技术基础、生产方式较为接近的国际企业，如制药业、石油业、汽车业等行业的企业（如图10-4所示）。

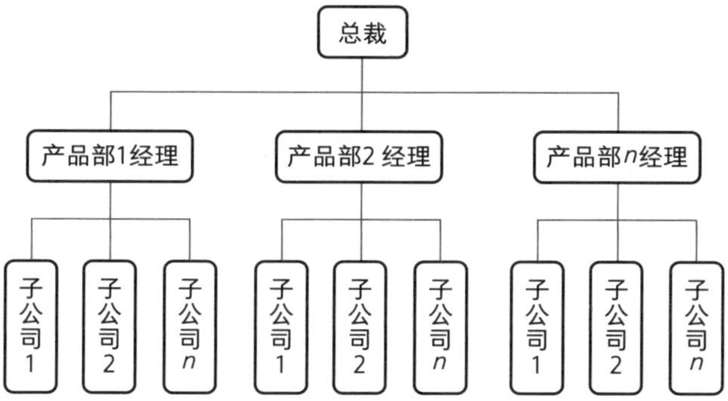

图10-4　全球区域型结构

（1）全球区域性结构的优点是：

● 把地区分部作为利润中心，有利于地区内部各国子公司间的协调；

● 有利于提高管理效率；

● 企业可以针对地区性经营环境的变化，及时调整营销策略。

（2）该组织形式的缺点是：

● 各地区各自设立营销、生产、财务等职能部门，容易造成组织机构重叠，增加企业管理成本；

● 可能导致各地区各自为政，影响企业的全局利益。

5. 全球产品型结构

全球产品型结构是指企业根据企业产品类别来设计营销组织，组织营销活动。由此划分的产品部门要负责该系列产品在国内外市场上的生产经营活动（如图10-5所示）。

（1）全球产品型结构的优点是：

● 体现了分权化的经营思路，有利于调动产品部经理的积极性；

● 在企业涉足新的产品领域时，灵活性较大，只需要在组织结构上增加一个新的产品系列即可；

● 每种产品都由产品部经理专职负责，有助于企业对各个产品系列都给予足够的重视。

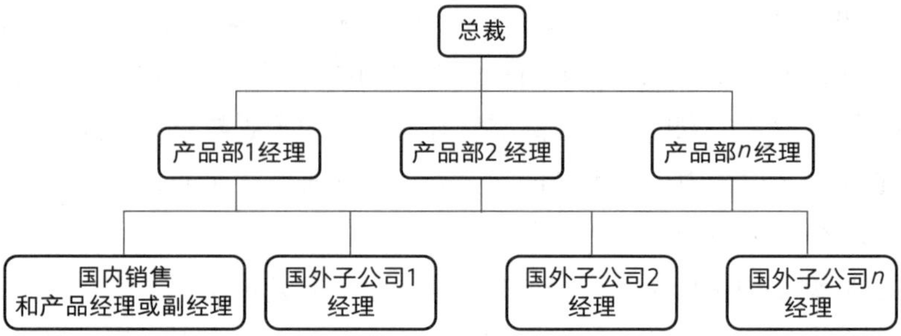

图10–5　全球产品型结构

（2）全球产品型结构的缺点有：

● 缺乏整体观念，各产品部之间可能会为各自产品的利益发生摩擦；

● 随产品种类不同而在某一地区建立多个机构，导致机构设置重叠。

全球产品型结构一般适用产品种类多且产品需求差异较大的国际企业。

6．全球职能型结构

全球职能型结构是根据管理基本职能组织企业的经营活动，将企业划分为生产、营销、研发、财务、人事等不同的部门，每个部门由一位副总经理负责该项管理职能在全球范围内的营销活动（如图10–6所示）。

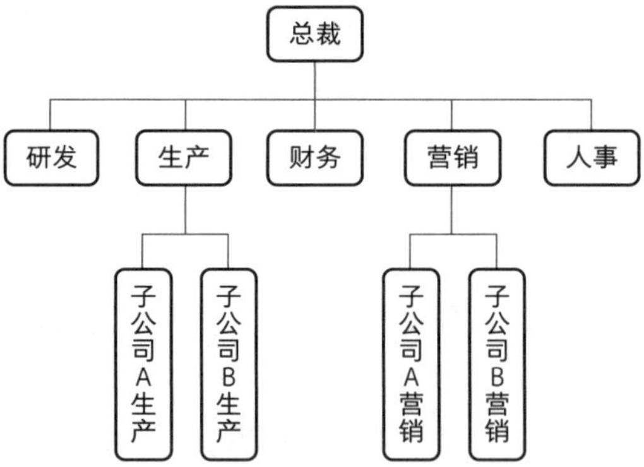

图10–6　全球职能型结构

（1）全球职能型结构的优点是：

● 有利于减少管理层次，避免机构重叠；

● 有利于提高职能部门工作的专业化水平；

● 有利于加强企业的统一成本核算与利润考核。

（2）这种组织结构的局限性也很明显：

● 不利于企业经营活动的地区性扩张；

● 不利于开展多种经营；

● 各职能部门之间缺乏横向联系与协调，容易造成决策失误。

全球职能型结构一般适用于产品同质性较高、营销条件差异较小的国际企业。

7. 全球矩阵型结构

全球区域型结构、产品型结构、职能型结构虽各有优势，但都无法兼顾企业对国际市场营销管理的多方面需要。20世纪70年代之后，一些大的国际企业开始尝试一种全新的组织结构——全球矩阵型结构，即企业将职能、产品、地区三种部门同时运行，但又相互融通，实施集中管理，共同管理国外子公司（如图10-7所示）。

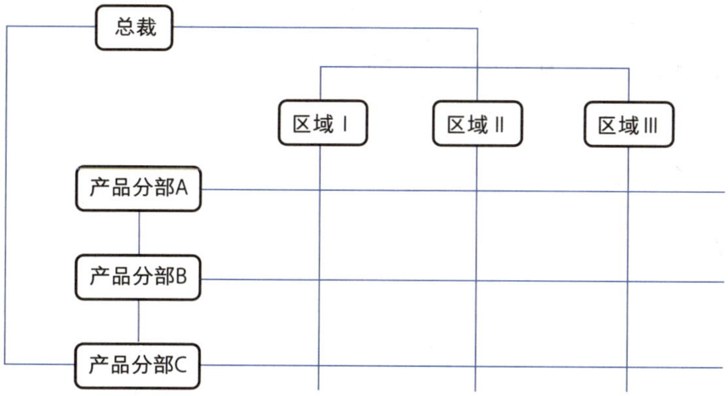

图10-7 全球矩阵型结构

在矩阵型结构中，水平差异化沿二维方向发展：产品分部和地理区域，如分部A生产的产品要在区域Ⅰ销售，那么在区域Ⅰ所推行的产品供应、市场策略和经营战略的性质应由区域Ⅰ和分部A通过协调共同决定。

全球型组织结构的优点是：既可以适应当地环境的要求，也可以满足产品之间的配合，具有一定的灵活性与适应性。但组织结构比较复杂，企业国外子公司或分支机构的人员要接受地区经理和所经营产品经理的多头领导，易引发矛盾，管理难度大，一般适用于产品种类繁多，经营区域广，地区经营条件差异大的全球型企业。

【课堂活动10-1】

搜集有关海尔集团的资料，分析海尔集团是如何设定国际市场营销组织架构的，并进一步分析其国际市场营销组织的优势和缺陷所在。

组织形式：（1）以学习型项目团队为单位进行讨论。

（2）以学习型项目团队为单位进行全班交流，教师点评。

考核要点：国际市场营销组织。

任务 3
国际市场营销控制

10.3.1 国际市场营销控制的内涵

国际市场营销控制（international marketing control）是指企业对国际市场营销计划执行过程进行监督和评估，以纠正计划执行过程中的偏差，旨在保证既定营销目标的实现。营销控制是营销管理的一个重要组成部分，有效的控制使企业能够指导、规范和管理国际市场营销。

【案例分析】

杜邦公司的战略核心：系统整合、市场控制

杜邦公司是一家以科研为基础的全球性企业，提供能提高人类在食物与营养、保健、服装、家居及建筑电子和交通等生活领域品质的科学之道。

杜邦中国发展战略的最大特点就是通过系统整合来达到全面市场控制的战略目的。控制了市场就等于建立了长期的竞争优势，确保了长期的利润流。谁拥有控制权，谁就能将产业链中最具有价值的研发、供应、销售、服务等业务掌控在自己手中，同时从技术转让和技术服务等领域赚取更多的增值利润。杜邦在中国实现全面市场控制的模式有自己的独到之处。

第一，与时代相伴，与国家同步，时代最需要什么，国家最需要什么，就加大投入生产什么。杜邦之所以能够在美国市场叱咤风云，非常重要的一点就是，杜邦不仅像一家企业，更像一个微型国度，不是指版图、人数，而是指其总是能够高瞻远瞩，从国家宏观决策、时代大趋势的高度及时调整发展战略，从而达到市场控制的目的。杜邦在中国的发展，也是配合中国政府和市场需求逐步拓展疆域。它在中国的投资并不是先成立生产工厂，而是先成立投资控股公司，有步骤地调整、贯彻其项目投资计划。

第二，通过合资和本地化生产，提供系列化的优质商品和服务，抢占高附加值的产业市场。杜邦是一家以科学导向为主的公司，其在中国的业务大多数集中在产业附加值高、更符合市场需求、更有发展前景的电子和通信技术、高性能材料、涂料和颜料技术、安全防护、农业与营养等领域。

第三，聚力研发颠覆性的实用技术，最大限度地利用其技术领先优势，提高竞争对手的进入壁垒，达到技术垄断的目的。杜邦每年研发工作的预算高达数十亿美元，大量的投资被用于永无止境的研发活动，特别是投资回报率极高的基础科研。杜邦通过对生物技术的基础性和应用性研究，进一步扩展公司在化学和材料科学领域的传统技术应用范围，把生物学的技术嫁接到材料学上，寻找突破性的增长点。

第四，根据盈利情况和增长速度不断调整投资领域，以保持最佳资源配置，形成中国业务与全球业务优势互补、协同发展的格局。杜邦非常重视其中国业务发展与全球业务的配合与协同作用，杜邦生产共聚甲醛产品就是一个典型例子。共聚甲醛是杜邦在国际上的强势产品，而在江苏张家港合资生产的共聚甲醛产品将成为杜邦现有均聚甲醛产品的补充。这两种产品以及杜邦工程聚合物部门的其他产品，加强了杜邦作为全球领先的聚甲醛及功能材料供应商的地位。

10.3.2　国际市场营销控制范围

根据控制的目的、重点与运用范围的不同，国际市场营销控制的范围主要有以下六个方面。

1. 销售额控制

国际市场营销控制首先要对销售额进行控制。销售额控制主要是通过将每周、每月、每季度的销售数字汇总，与预期指标进行比较，以判断各种因素对销售量的影响。从销售额的大小来确定营销开支和推销程度是否与潜在收益相称。从销售量差异的分析中，可以找出造成差异的原因，从而采取应对措施。无论是从各类产品的不同销售差异中找出公司扩大生产能力的方向，还是从各国市场的销售差异中辨别出哪些市场对公司的发展有利，这都是销售额控制的作用。为了使管理部门在实施销售额控制时不仅了解本公司相对于竞争对手所处的位置，而且还能够促进本公司的销售，有关销售额的详细报告应当列举大量的采购数字和市场份额信息。

【课堂活动10-2】

阅读一下文字，按要求开展分析讨论。

至关重要的营销管理

20××年年初，某国际制药企业在A国的子公司有一种新药上市，全公司上下都信心十足地定下“完成年销售额6 000万元”的销售目标。而直到20××年12月31日销售额还不到600万元，且回款仅200万元，然而市场开发费用却是按照6 000万元的销售目标而投入的。目标与现实及投入与产出之间反差巨大。

同年，该企业在B国的子公司也有一种新药上市，年初定下600万元的销售指标，年底却完成900万元。尽管全公司上下对能超额完成任务感到异常兴奋，欢欣鼓舞。然而从营销管理角度看，这并非是一件值得令人高兴的事。

要求：通过讨论，分析为什么该企业在B国的子公司超额完成了销售目标，并非是一个令人值得高兴的事？

组织形式：（1）以学习型项目团队为单位进行讨论。

（2）以学习型项目团队为单位进行全班交流，教师点评。

考核要点：国际市场营销目标与有效的营销管理。

2．产品控制

国际市场营销的产品控制主要包括以下四点：一是建立统一的产品质量标准；二是在公司总部及地区或产品总部设立质检部，定期或不定期地对产品进行质量检验；三是控制经销商的服务质量；四是各控制管理部门要做好客户管理与服务，建立完善的信息反馈系统。

3．价格控制

国际市场营销的价格控制主要是指控制不同国别市场产品销售的盈利状况。企业总部可以为国外市场规定一个价格浮动范围，并要求子公司在产品价格超出规定价格范围时需向公司总部报告。公司总部还需要关注各地区差价、各销售环节间差价的灵活变动。

4．渠道控制

渠道控制主要是对中间商的控制，主要是控制中间商的经营范围、订货量、交货速度、售货服务、转售价格合理性等方面。

5．促销控制

国际企业的促销形式主要是广告宣传与人员推销。促销控制主要针对广告目标、广告方案、广告效果以及推销人员的培训、激励等方面。

6．利润控制

企业经营活动的核心是实现企业利润最大化。国际市场营销利润控制主要有两方面：一是通过各国外子公司的财务报表控制各个国际目标市场的盈利状况；二是要全面考察企业整体的利润状况。

国际市场营销控制还包括投资控制、盈利能力控制、营销费用控制、效率控制、市场占有率控制等。

10.3.3 国际市场营销控制程序

1．确定控制目标

确定控制目标是国际市场营销控制的第一步。企业长期营销计划中的营销目标多为抽象或综合性目标，要进行有效控制，还必须进一步细化营销计划的具体指标，并下达落实到企业的相关部门，使其具体化、易操作。

2. 选择控制方法

国际市场营销控制方法有两种：一是直接控制，即企业总部有关管理人员直接参与下属机构的经营管理；二是间接控制，即企业总部有关管理人员通过各种机制干预调节下属机构的经营活动，包括下达各种指令性或指导性计划指标，制定和实施一整套完善的规章制度，投入或撤回部分资金等。国际企业应根据国际市场营销活动实际情况，采取不同的控制方法。

3. 确定控制标准

企业需要依据自身营销目标制定出用以衡量国际市场营销业务绩效的标准，以发挥控制机制的作用。确定国际市场营销的控制衡量标准时应注意三点：一是要充分考虑国外子公司当地的经营环境，如税收、金融、价格、贸易等方面的政策；二是要实现营销控制数量化，并要确定相应的范围；三是要顾及某些较抽象的目标，如进入某一国家或地区市场对企业全球战略的意义，能否提升公司形象等。

4. 选择控制人员

由于国际企业内、外部经营环境的特殊性与复杂性，企业要将基本职责、权力和利益落实到具体个人，否则，国际企业的国际市场营销控制机制就得不到充分有效的发挥。

5. 评估营销绩效

绩效评估就是根据已明确的控制标准对国际市场营销部门及其人员的工作进行检查、分析和评估，以找出实际工作绩效与控制标准的差距并分析差距产生的原因，以便为下一步纠正偏差工作提供可靠的依据。绩效评估应该严格依据既定标准确定被控制单位的业绩是否达到了预期的水平；同时应充分考虑国际市场营销经营环境的影响，如全球性的金融危机、汇率变化、经济不景气、通货膨胀、政府政策变动等都会对企业的营销业绩产生重大影响。

6. 及时纠正偏差

偏差产生的原因主要有国际市场的变化、企业营销决策或人员决策的失误、国际市场营销计划的制定存在问题等。

纠正偏差就是对出现的偏差采取应对的措施，通常分两种情况：① 如果偏差产生的原因是营销目标或控制标准本身不合理，这时纠正偏差的工作就是重新确定营销目标或控制标准，以达到消除偏差的目的。② 如果偏差产生的原因是国际市场营销本身，纠正偏差的工作就是改进国际市场营销工作，以提高绩效并消除实际营销情况与预期目标的差距。

活动设计

应 知 训 练

一、名词解释

国际市场营销计划　国际市场营销组织　国际市场营销控制　全球职能型结构

二、单项选择题

1. 现代国际企业，特别是大型国际企业正常而高效率的运转离不开（　　）。

A. 营销组织　　B. 销售促进

C. 营销计划　　D. 公共关系

2. 国际市场营销管理必须依托于一定的（　　）进行。

A. 财务部门　　B. 人事部门

C. 主管部门　　D. 营销组织

3. 制定实施国际市场营销计划，评估和控制国际市场营销活动，是（　　）的重要任务。

A. 市场主管部门　　B. 市场营销组织

C. 广告部门　　D. 销售部门

4. 设置（　　），能够对企业与外部环境，尤其是与市场、顾客之间关系的协调发挥积极作用。

A. 市场营销机构　　B. 市场营销职能

C. 市场营销企业　　D. 市场营销控制

5. 市场营销组织管理跨度及管理层次的设置，不是一成不变的，机构本身应当具有一定的（　　）。

A. 弹性　　B. 灵活性

C. 随机性　　D. 选择性

三、多项选择题

1. 推销和市场营销两个职能及其机构之间，需要（　　）。

A. 互相协调　　B. 默契配合

C. 互不干涉　　D. 各自为战

E. 前者在后者的指导下行动

2. 国际市场营销控制内容主要类型有（　　）。

A. 销售额控制　　B. 盈利水平控制

C. 质量控制　　D. 效率控制

E．市场占有率控制

3．要发挥市场营销机构自身的整体效应，必须做到（　　）的协调一致。

A．机构内部　　B．企业内部

C．企业外部　　D．营销机构

E．企业目标

4．国际企业的经营决策通常需要三个方面的知识：地区知识、产品知识和管理职能知识。因此，大致可按上述三种专门知识的侧重程度将国际市场营销组织分为（　　）。

A．职能型组织　　B．矩阵型组织

C．产品型组织　　D．地区型组织

E．业务型组织

5．国际市场营销组织设计的原则主要有（　　）。

A．本国中心主义　　B．全球中心主义

C．多中心主义　　D．地区中心主义

四、判断题

1．国际市场营销是一项极其复杂的经营管理活动，由在不同地点和不同职责的许多人员相互配合，共同实现和完成。（　　）

2．撰写营销计划概要的目的，是让客户对营销计划的核心内容尽快了解、掌握。（　　）

3．生产多种产品或拥有多个品牌的企业，通常设置名牌型组织。（　　）

4．制定和附列应急营销计划，目的是考虑事后可能出现的重大危机和可能产生的各种困难。（　　）

5．在市场营销计划的实施过程中，组织结构起着决定性的作用。（　　）

应 会 操 练

一、思维能力训练

【实训名称】

案例分析：宝洁的组织架构调整

【实训目的】

通过该训练任务，有助于学生：

1．了解壳牌公司组织变革的背景资料，加深对国际市场营销组织类型的深入理解；

2．运用国际市场营销管理知识分析壳牌公司组织变革的起因、效果，有效地将知识转化为技能；

3. 培养学生解决实际营销问题的能力。

【实训步骤及要求】

1. 教师选择恰当案例，拟订需要谈论分析的问题；

2. 确定案例训练组织形式：学习型项目团队讨论会（6~8人）；

3. 教师主持课堂案例讨论，各项目团队选出一名代表阐述本公司的分析要点；

4. 教师进行最后的点评与总结；

5. 各项目团队在讨论分析案例的基础上按以下要求撰写、提交“案例分析报告”，字数1 000字左右，文字表述要精练、观点明确。

案例分析报告
时　间：
分析者：
班　组：
问题分析：
➤ 问题一：
➤ 问题二：

【实训考核】（百分制）

评分维度	资料的处理与应用	内容的充实性	知识的应用性	分析的逻辑性	创新性	报告文本	团队的分工合作
百分比	10	12	15	15	20	12	16
得　分							

【案例介绍】

宝洁的组织架构调整

2018年11月8日，宝洁在其投资者大会上宣布了公司的重组计划，将现有的10个业务部门按照产品类别减至6个，并且在每个部门设立独立的首席执行官（CEO）。这一新架构于2019年7月正式生效。宝洁本次调整构架有望进一步解放运营能力，让各部门有更大自由度去根据不同市场情况进行决策和执行。

这次的调整是宝洁公司近20年来最大的组织变革。公司旗下改为拥有纺织品和家居护理、婴幼儿和女性护理、家庭护理、美容、保健、美妆六大部门，每一个部门都会任命一位 CEO，负责管理地区销售团队及部分原先由总部管理的职责。各部门 CEO 将直接向集团 CEO 汇报工作。

新的组织架构生效后，四名部门总裁直接向业务部门 CEO 汇报工作，相较当前减少两名销售总裁的职位。公司发言人表示，没有高管会因为结构变革离职。每一名业务部门 CEO 将负责美国、中国、俄罗斯、德国等前十大地域市场的直销销售、产品创新和供应链。这十大市场共计为公司贡献了80%的销售额以及90%的税后利润。同时，拉美、中欧和中亚等规模较小的市场将并入一个独立的部门，由公司现任首席财务官（CFO）管理，他还将兼任公司首席运营官（COO）一职。

针对本次机构重组战略，宝洁表示："我们正通过切实推行战略，加速变革步伐来适应不断变化的全球市场。"

2018年10月，宝洁公司公布了五年来最好的季度业绩。虽然受到整体经济市场的不良影响，但最新的季度表现是公司有望实现快速增长的迹象之一。

(资料来源：江帆，宝洁公司宣布精简结构，十大业务部门缩减至六个. 华丽志，2018-11.)

【问题讨论】

1. 结合本项目所学内容，分析宝洁采用哪种国际市场组织结构？

2. 宝洁的组织架构为什么要调整？

3. 试讨论，宝洁应如何适应不断变化的全球市场。

二、综合能力训练

团队项目：结合背景企业（当地某一开展国际市场营销的企业）实际，针对该企业的国际业务开展状况和该企业某一国际目标市场营销环境，为其制定恰当的国际市场营销计划，设计合适的国际市场营销组织结构，并规划国际市场营销控制体系。

【实训目的】

通过该训练的操作，使学生：

1. 加深对国际市场营销管理重要性的认识，培养学生的实际应用能力；

2. 掌握国际市场营销计划制定、国际市场营销组织设计与国际市场营销控制体系规划的方法与技能，提升学生的综合素质。

【实训要求】

以学习型项目团队为单位进行项目实训，明确内部分工。以各团队为单位与当地一家开展国际市场营销的企业进行联系，确定研究对象。

【实训操作步骤】

1. 集体讨论。

以团队为单位进行讨论，研讨中心可围绕国际市场营销计划制定、国际市场营销组织设计、国际市场营销控制进行展开。

2. 收集、整理、分析资料。

● 通过实地走访、网络调查等途径收集、掌握背景企业近几年来开展国内外市场营销活动的情况；

● 通过网络调查、案头资料收集等多种途径，了解背景企业国际目标市场的营销环境；

● 通过多种途径查阅国内外同行业相关市场信息资料及最新动态；

● 通过收集的资料，整理分析该背景企业国内外市场营销状况及其国际目标市场的营销环境。

3. 国际市场营销管理整体方案确定。

● 在反复研讨的基础上，各团队形成背景企业国际目标市场营销管理策划的具体方案，方案要具有可操作性；

● 进一步评议、修订国际市场营销管理方案，形成最终较合理的方案。

4. 策划方案提交。

各团队提交格式规范的《××企业某一国际目标市场营销管理策划方案》，包括：

● 国际市场营销计划制定；

● 国际市场营销组织设计；

● 国际市场营销控制体系规划等。

5. 实训成果汇报、评议、成绩综评。

● 各团队推选一名代表采用PPT形式进行实训成果汇报；

● 同学互评，教师进行适当点评并进行实训总结；

● 教师对各团队及各成员进行综合成绩评定。

【实训成果】

《××企业某一国际目标市场营销管理策划方案》。

【实训考核】（百分制）

评分维度	信息的处理与应用	知识的应用性	分析的逻辑性	创新性	实训文本	演讲者仪容仪态	答辩	团队分工合作
百分比	10	15	15	18	10	10	10	12
得　分								

参考文献

［1］菲利普·科特勒，加里·阿姆斯特朗．市场营销原理［M］．15版．郭国庆，译．北京：清华大学出版社，2019.

［2］菲利普·科特勒，凯文·莱恩·凯勒．营销管理［M］．15版．何佳讯，等，译．上海：格致出版社，2016.

［3］菲利普·科特勒．营销革命4.0：从传统到数字［M］．王赛，译．北京：机械工业出版社，2018.

［4］王永贵．市场营销［M］．北京：中国人民大学出版社，2018.

［5］刘铁明．国际商务案例集：国际市场营销案例［M］．北京：经济科学出版社，2016.

［6］王晓东．国际市场营销［M］．5版．北京：中国人民大学出版社，2019.

［7］朱雪芹，成爱武．国际市场营销学［M］．北京：机械工业出版社，2017.

［8］郭国庆，陈凯．市场营销学［M］．北京：中国人民大学出版社，2019.

［9］平怡，李世嘉．国际市场营销理论与实务［M］．3版．北京：高等教育出版社，2020.

［10］李海琼．市场营销实训教程［M］．2版．北京：清华大学出版社，2013.

［11］毛雅．对欧莱雅集团中国并购的研究［J］．环球市场．2018（23）.

［12］李雄飞，张静．优衣库“新零售”模式运营策略［J］．服装学报．2020（04）.

［13］杨秋文．大疆无人机国际营销案例研究［D］．广西大学，2019.

主编简介

李海琼，管理学教授，国际商务师，工商管理经济师。浙江省首届高校“优秀教师”。浙江省精品课程“市场营销理论与实务”，温州市精品课程“国际市场营销”主持人；国家级专业教学资源库，国家级精品资源共享课评审专家。商业服务业国家职业分类大典修订工作专家委员会委员，全国商业行业职业技能竞赛裁判员，第四届全国商科院校技能大赛国际贸易专业赛项总决赛评委，浙江省高职高专经济类教学指导委员会国际商务专业委员,浙江省首届统计调查方案设计技能大赛评委。浙江省“新世纪151人才工程”第三层次，温州市“新世纪551人才工程”第二层次。

长期从事营销管理、经济贸易领域的教科研工作，多年来主讲国际市场营销、市场营销理论与实务、市场调查与预测、现代推销技术等课程。主持教育部、浙江省科技厅、浙江省社科联等多个省部级、市厅级项目；发表学术论文多篇；主编高校教材12部，其中，普通高等教育国家级精品教材1部，“十一五”“十二五”国家级规划教材5部，省级规划教材2部；独立拥有国家版权局授予的“市场营销数字化教学资源库系统”“国际市场营销分布式职能教学系统”2项计算机软件著作权。

张建辉，温州科技职业学院，国际商务专业主任，浙江省“十三五”特色专业建设负责人。温州市“尊重教育尊重人才突出贡献”个人，温州市高校优秀创业导师。

长期从事国际贸易理论与实务的教科研工作，主讲跨境电商营销、进出口业务操作、国际市场营销等课程，主持省教育厅、市社科联、市科技局等多个项目，主持资源库子项目课程建设。获全国商科教育国际贸易专业讲课比赛二等奖、全国多媒体课件大赛三等奖。指导学生参加国际贸易、跨境电商、创新创业等竞赛，多次获全国特等奖、一等奖。

郑重声明

高等职业教育

商科类专业群

新专业教学标准体系

电子商务类专业

电子商务法律法规
跨境电子商务基础
跨境电子商务进出口实务
跨境电子商务推广
移动商务基础
客户服务与管理

电子商务内容运营
商品信息采集
网店运营管理
网店视觉营销
网店客户服务
直播电商

电子商务综合实训

营销类专业

新媒体营销
移动营销
数字营销
直播营销
消费者行为分析
市场调查与分析
市场营销策划

商务谈判与沟通
现代推销技术
广告原理与实务
品牌推广与管理
销售管理
渠道管理

营销综合实训

新商科

物流类专业

货物学
物流法律法规
仓储与配送管理
采购与供应链管理
物流成本管理
物流营销

运输管理
物流信息管理
物流设施设备
国际货运代理
物流地理
快递实务

智慧物流实训

经济贸易类专业

跨境电商B2B实务
跨境电商B2C实务
跨境电子商务物流
报关与报检实务
国际商法
国际市场营销

进出口业务操作
外贸单证操作
外贸跟单操作
国际结算操作
外贸英文函电
外贸风险管理

互联网+国际贸易综合实训

商科类专业群专业基础课

- 中国商贸文化
- 电子商务基础
- 市场营销
- 商品学
- 现代物流管理
- 国际贸易实务
- 商务数据分析与应用
- 电子商务物流
- 网络营销
- 选品与采购
- 供应链管理基础
- 商务礼仪

电子商务类专业

营销类专业

物流类专业

经济贸易类专业